甘肃特色文化普及丛书

甘肃特色文化普及丛书

编 委 会

主 任
陈元龙

副主任
崔建伟　罗　哲　席皓琳

委 员
严小明　宋小凤　潘维永　孟广成　郭忠庆
雍际春　王旺祥　郭俊叶　贾建威　李红霞
　　　　冯　岩　郑　颖　马智全

主 编
陈元龙

副主编
崔建伟　罗　哲　席皓琳

甘肃特色文化普及丛书

陈元龙 主编

丝路甘肃

SI LU GANSU

【丝绸之路上的黄金通道】

王旺祥 编著

甘肃人民出版社

图书在版编目（CIP）数据

丝路甘肃：丝绸之路上的黄金通道 / 陈元龙主编；王旺祥编著. -- 兰州：甘肃人民出版社，2021.1（2023.9重印）
ISBN 978-7-226-05638-7

Ⅰ.①丝… Ⅱ.①陈… ②王… Ⅲ.①丝绸之路—介绍—甘肃 Ⅳ.①K928.6

中国国家版本馆CIP数据核字（2021）第010179号

策划编辑：肖林霞
责任编辑：张　菁
封面设计：马吉庆

丝路甘肃：丝绸之路上的黄金通道

陈元龙　主编　　王旺祥　编著

甘肃人民出版社出版发行

（730030　兰州市读者大道568号）

兰州银声印务有限公司印刷

开本 710毫米×1020毫米　1/16　印张 13.25　插页 2　字数 182千
2021年5月第1版　　2023年9月第2次印刷
印数：1 001~2 000

ISBN 978-7-226-05638-7　　　　定价：88.00元

总　序

　　甘肃位居黄河上游黄土高原西端，地处我国版图的中心向西北部作带状延伸，东西长1655公里，南北宽530公里，总面积42.59万平方公里。东邻陕西省，西连青海省与新疆维吾尔自治区，南与四川省毗邻，北与宁夏回族自治区和内蒙古自治区接壤，并与蒙古国接界。其版图形状，正如习近平总书记比喻的"好似一柄玉如意"。

　　甘肃是中华民族重要的发祥地之一，历史源远流长，文化底蕴深厚。中国首次发现的旧石器时代之遗址即在甘肃境内。华池县赵家岔村洞洞沟和河西弱水阶地旧石器的发现，证明了远在20万年前的旧石器时代，我们的祖先就劳动生息在这里的一些河谷台地上，创造着辉煌灿烂的远古文化。新时器时代，从陇东到河西，从陇南到肃北，到处都有原始先民们活动的足迹。距今7000到5000多年前的秦安县大地湾遗址所发现的殿堂式建筑群、烧制陶器的窑址、彩绘鲜丽的陶器上的刻划符号，表明这时期的先民们已创造出了令人惊叹的古代文明。1923年首先于临洮马家窑发现的马家窑文化，是我国黄河上游母系氏族文化的代表，在甘肃境内分布广泛，前后继承，反映了距今5000年到4000年前甘肃地区母系氏族社会向父系氏族社会过渡的发展阶段和先民们从事原始农业和手工业生产的情况。这些情况不仅说明以农业为主兼及畜牧、渔猎和采集的多种生存方式，已是当时社会经济的重要特色，而且出土的数量庞大、造型精美、色彩鲜艳的彩绘陶器，表现了先民们的创造智慧和高超技艺，堪称祖国的瑰宝，并使甘肃赢得了"彩陶之乡"的美誉。距今4000年前左右，甘肃境内的先民们又创造了齐家文化，这是我国黄河上游父系氏族文化的代表，因1924年首先发现于广河县齐家坪而得名，主要分布在黄河以东。当时先民们已掌握了冶炼红铜、青铜的技术。由于使用铜器，生产工具先进，有了剩余产品，便出现了商品交换和贫富分化，使先民们逐渐向阶级社会过渡。此外，在洮河谷地，还有辛甸文化、寺洼文化等遗存。在河西走廊，也发现了民勤沙井文化、山丹四坝文化、玉门火烧沟文化。这些文化遗存反映了河西先民以原始牧业和渔猎为主，由父系氏族社会向阶级社会早期发展的状况。

甘肃是人文始祖肇启之地，相传这里是伏羲、女娲和黄帝的故乡，被称为"羲轩桑梓""羲皇故里"。史籍记载，"太昊伏羲氏生于成纪"，即今秦安县北部。传其孕十二岁（十二年为一纪）而生，故命名诞生地为"成纪"。这是甘肃最早见于史籍的地名。伏羲氏"始画八卦，以通神明之德，以类万物之情，造书契以代结绳之政"。女娲乃母系氏族首领，据传是伏羲同母之女弟，也诞生于成纪（今秦安县凤尾树村）。据司马贞《三皇本纪》

记载，伏羲、女娲就是"龙的传人"的始祖。据《水经注》记载，"黄帝生于天水，在上邽城东七十里"的轩辕谷。"黄帝立为天子，十九年令行天下，闻广成子在崆峒之上，故往见之。"至今崆峒山有问道宫（黄帝问道处）、望驾山（以望黄帝驾临处）等遗址。黄帝并曾"西济积石，涉流沙，登于昆仑"。五帝中的颛顼高阳氏"西至于流沙地"（流沙，在今张掖市北，一说在敦煌）。凡此都进一步说明甘肃为华夏文明的发祥地之一。

甘肃不仅是人文始祖的故乡、周秦文化的孕育地，而且是中西文化交流交汇的必经通道和重要门户。自西汉张骞凿空西域以至唐代，这条闻名世界、横贯甘肃东西的陆上"丝绸之路"的开通，不仅使甘肃在东西文化交流上有了浓墨重彩的一笔，更为甘肃带来了无限活力，使其在民族融合进程中所形成的过渡性特点愈加突出。古代丝绸之路在甘肃大地不仅推动了中原与西域的交流，而且加快了中国与波斯、大食乃至欧洲各国各民族的文化大交流大发展，也带来了经济贸易的兴盛繁荣，以至于唐代，"自安远门以尽唐境，间阎相望，桑麻翳野，天下称富庶者，无如陇右"。贸易往来又促进了民族之间的交往交流交融，使甘肃成为各民族大融合的桥梁和纽带。民族融合与民族文化交流促成了甘肃文化的多样性、渗透性、包容性特征。在甘肃，每个民族都以其宽阔的胸怀和开放的姿态进行情感与文化上的交流与认同。民族融合与文化交流还增强了甘肃文化的创造性与延续性。甘肃人民是富于创造活力的人民，盛传于陇原大地的伏羲与西王母的神话传说，已透露出勃勃的创造生机；近代以来在甘肃境内不断发掘出大量石器时代遗址中的劳动工具、房屋、墓葬等文化遗存，无不体现出甘肃先民们的创造精神；绚丽夺目的彩陶艺术、石窟艺术，则更是甘肃文化充满活力的重要体现。正是这种创造精神，才使甘肃文化得以薪火相传、赓续不断，丰富多彩、独具特色。甘肃古代民族中，羌、氐、戎以及党项等民族在历史发展进程中均发生了巨变，但其文化性格与品质却迄今辑存于历史典籍中，其风俗习惯至今还饱含、渗透在陇原民风中。

甘肃地域文化的鲜明风格和多元多样特征，在中国古代文明文化发展史上谱写了浓墨重彩的篇章。在华夏文化发展成为汉文化并形成汉文化圈的历史演进中，陇右文化始终伴随着汉文化的扩散传播而趋同，又因人口流动、民族迁徙、统一与分裂而趋异。陇右文化以所处地域而成就交流传播之优势，东与三秦文化唇齿相依，使汉文化得以在此流传发展演进；同时又以地处中西交通要道，西与西域文化毗邻，少数民族文化、外来文化在这里得以与中原文化碰撞、交流、融合，成为中原与周边政治、经济、文化力量伸缩进退、相互消长的中间地带，成为中原文化与周边文化、域内文化与域外文明双向交流扩散、荟萃传播的桥梁。甘肃文化成为一种独具特色的地域文化，与西域文化相比较，具有更多的中原文化特征；与三秦文化相比较，则又更多地含有少数民族文化的成分。这种过渡性特征与优势，既促进了甘肃文化自身的发展，又为三秦文化和西域文化的发展提供了充足的养分。这一切都充分说明，甘肃是中国最早接纳和走向世界文明的窗口，是古代中国、印度、希腊、伊斯兰四大文明交融的中心，是华夏文明形成过程中吸纳外来文化的蓄水池，是中国乃至世界古代文明的博览园。甘肃地区丰厚的文化资源是华夏文明肇启、繁荣、发展以及与世界文明交汇的重要见证和典型标志。自远古以至唐代，在政治、经济、文化诸方面，甘肃一直处于中国历史和华夏文明的主流之中。这不仅奠定了甘肃作为中华文明发祥地的重要历史地位，而且使甘肃成为了中华民族重要的文化资源宝库。2013年甘肃被国务院批准为华夏文明传承创新区。

在漫长的历史演进中，多种文明交流交融，不仅使甘肃成为一个多民族居住省份，而且形成了多姿多彩、内容丰富的甘肃文化，特色鲜明，亮点纷呈。甘肃被称为"石窟艺术之乡"，现存各类石窟佛寺337座，其中具有学术研究和旅游观光价值的大、中型石窟群40多座，敦煌莫高窟被誉为"人类艺术宝库",被联合国教科文组织列入世界文化遗产保护名录,天水麦积山石窟被誉为"东方雕塑馆",榆林窟、炳灵寺、天梯山、南北石窟寺等无不是华夏文明艺术最集中的体现,使得石窟艺术与宗教文化成为甘肃文化最高成就的体现,也是佛教文化含茹之下甘肃人想象力与审美体验的完美展示。甘肃也是"彩陶之乡",是我国彩陶起源最早、发展时间最长、分布范围最广、艺术成就最高的地区。甘肃还是简牍大省,现已出土简牍6万余枚,其中汉简数量居全国之首。临夏"花儿"是甘肃省第一个进入世界非物质文化遗产名录的艺术瑰宝。"道情皮影"第二个被列入世界非遗名录。在甘肃境内,秦、汉、明代古长城和城障纵横交错,累计长达4400公里,约占长城总长21196.18公里的五分之一,其中,阳关、玉门关、嘉峪关驰名中外。甘肃地处古丝绸之路的黄金地段,长达1500公里,沿线的天水、张掖、武威、敦煌四座城市被列为国家第一批公布的历史文化名城;陇东和陇东南地区分别是周人和秦人的发祥地,周王朝、秦王朝都是在甘肃奏响了向中原进军的序曲,奠定了中华民族农耕文明和政治制度的基础。

概而言之,甘肃最主要的文化类型有:始祖文化、长城文化、丝路文化、石窟文化、五凉文化、敦煌文化、简牍文化、黄河文化、红色文化等。根据甘肃文化资源的源头性、多样性、独特性、包容性等特点,甘肃文化资源可归纳为四类:一是华夏文明源头性文化,即伏羲文化、轩辕文化、西王母文化、大地湾文化、彩陶文化等;二是丝绸之路文化,主要包括长城文化、简牍文化、敦煌文化、石窟文化、五凉文化等;三是民族民俗文化,即伊斯兰教文化、藏传佛教文化、特有民族文化(东乡族、裕固族、保安族)、特色民俗文化等;四是红色文化,甘肃从东到西有不少红色文化遗址,如南梁苏维埃政府遗址、腊子口战役遗址、哈达铺会议遗址、会宁会师遗址、高台西路军纪念馆等,这些遗址赋予了甘肃丰富的红色文化资源。

甘肃丰富多彩的文化资源为打造文化品牌奠定了坚实的基础，但是，长期以来缺乏系统整理和宣传推广，或庋置于学术殿堂，或充溢于普通民众茶余饭后的谈资，或归于少数文史学者的研究领域，存在分散化、碎片化、地方化现象，文化资源没有形成文化优势，莫为外界所了解，文化影响力明显不足。2017年，中共中央、国务院印发了《关于实施中华优秀传统文化传承发展工程的意见》，对传承发展优秀传统文化提出了一系列具体要求和方法措施。2019年8月，习近平总书记考察甘肃时的重要讲话明确指出，既要深入挖掘敦煌文化和历史遗存背后蕴含的哲学思想、人文精神、价值理念、道德规范等，推动中华优秀传统文化创造性转化、创新性发展，更要揭示蕴含其中的中华民族的文化精神、文化胸怀和文化自信，为新时代坚持和发展中国特色社会主义提供精神支撑。要加强对国粹和非物质文化遗产保护的支持和扶持，加强对少数民族历史文化的研究，铸牢中华民族共同体意识。习近平总书记的讲话为我们系统整理、宣传推介甘肃文化指明了方向，坚定了信心和决心。为了深入贯彻落实习近平总书记重要讲话和中共中央、国务院意见精神，助力华夏文明传承创新区建设之急切需要，甘肃省社科联从自身职能出发，以传承发展优秀传统文化为己任，在认真调查梳理、深入挖掘研究的基础上，决定以课题委托形式组织省内专家学者编写《甘肃特色文化普及丛书》。在丛书的编写过程中，坚持先进性、传承性、可读性、普及性的原则，撷取有代表性的文化类型，共编写《羲皇故里》《简牍甘肃》《丝路甘肃》《石窟甘肃》《魅力花儿》《彩陶甘肃》《道情皮影》《红色甘肃》八部，总成系列，约180万字，面向省内外有重点地系统介绍甘肃特色文化，不以学术研究为首要，而以普及推广为指归，以期挖掘甘肃文化资源，打造甘肃文化品牌，彰显甘肃文化魅力，重塑甘肃文化形象，进一步引导人们了解甘肃、认识甘肃，增强文化自信和对甘肃文化的认同感和自豪感，从而激发开发甘肃、建设甘肃的积极性和创造性。

在编写过程中,各有关单位大力支持配合,各位作者在繁忙的工作之余倾力尽智、呕心沥血,历时一年有余,数易其稿,其艰辛唯有识者所知,在此表示衷心的感谢。但由于分头编写,内容各异,加之掌握资源有限,不足之处在所难免,希望读者多提宝贵意见,以资再版时修正。

《甘肃特色文化普及丛书》编委会

2020年12月

前　言

　　本书的撰写始于申报甘肃省社会科学界联合会"甘肃特色文化普及丛书"项目。2019年7月，通过甘肃省科学社会主义学会接到甘肃省社会科学界联合会《关于申报"甘肃特色文化普及丛书"项目的通知》（甘社科联发〔2019〕18号）。根据申报要求，本人撰写了《"丝绸之路"三千里》项目申报材料进行申报，并获得立项，题目后改为"丝路甘肃：丝绸之路上的黄金通道"，随即开始了撰写工作，时至今日书稿得以完成。

　　丝绸之路研究一直以来都在我的关注之中，特别是在习近平总书记2013年提出"一带一路"倡议后，古代丝绸之路在"一带一路"倡议下再次成为全球关注的热点话题。古代丝绸之路随着"一带一路"

倡议的提出和推进踏上了复兴之路，而"一带一路"倡议正是这条古老丝路得以再次焕发生机的有力印证。古代丝绸之路是"人类文化的运河""亚欧非大陆的动脉"，对古代世界产生了重大而深远的影响，是"世界文明的主轴"。今天，"一带一路"倡议下古丝绸之路的复兴将是更大规模、更大范围、更高水平、更深层次的大开放、大交流、大融合，必将影响全球多个国家、多个民族。古代丝绸之路是连通亚欧非大陆交通、交往、交融、交易之路；今天的"一带一路"在原有丝绸之路基本走向的基础上，将其扩展到连通全球的互学共鉴之路，交通工具从过去的陆路骆驼马匹、海路帆船跃升为由公路、铁路、航路、管路、网路织就的，由汽车、高铁、油轮、飞机、油气管道、光纤承担的更加便捷、更加密集、更加系统的立体运输交往之路，是速度和时间的时空之路，更是一条互尊互信之路，一条合作共赢之路，一条文明互鉴之路，当然也是一条在世界面临"百年未有之大变局"、大发展大调整大变革和中国特色社会主义进入新时代实现中华民族伟大复兴中国梦的重要时刻承载全球发展的和平之路、繁荣之路、开放之路、绿色之路、创新之路、文明之路、廉洁之路，必将更大程度推动全球政治多极化、经济全球化、社会信息化、文化多样化走深走实，行稳致远。

　　古代丝绸之路始于中国、止于中国，代表古代中国在世界中的位置，成就了中国古代辉煌；今天"一带一路"倡议由中国提出，由中国推进，在全球共商共建共享，依然代表了今天中国在世界中的位置，也必将成就现代中国的辉煌。甘肃在古代占据了丝绸之路东西方交流的交通孔道，在西学东渐和东学西传中扮演了重要角色，是古代中国开放的前沿阵地，曾创造了辉煌的历史；今天随着"一带一路"倡议提出推进，中国已形成全方位开放格局，甘肃已由深处内陆开放的后方、后援地变为开放的前沿、文化"走出去"的先行者，面临前所未有的重大发展机遇。正如习近平总书记指出的："一带一路"是甘肃最大的发展机遇，甘肃站在了"一带一路"

的最前沿，肩负重要的历史使命，成为丝绸之路经济带黄金段，再次迎来了发展的春天。转型发展、跨越发展，在这个新时代互联网、物联网、创新创意创造齐聚发展的时代，在这个"微信、支付宝、高铁、共享经济"新发明出现并以超越想象的速度发展的时代，在实现中华民族伟大复兴中国梦的时代，在这经济欠发达但文化相对富集的西部内陆省份显得更加迫切、更加珍贵。古代丝绸之路的辉煌似乎仅仅是甘肃人民刚刚过去的昨天，人们记忆犹新，驼铃悠扬，梦境犹存，甘肃的过去不可谓不辉煌，甘肃的明天应该更加灿烂，这是甘肃人民的期待，更是复兴古老丝路的期待。因此承担甘肃省社会科学界联合会给予的这项重要的任务，一方面感到十分光荣，另一方面感到压力大、责任重。今天我们写丝绸之路的历史、呈现甘肃在古代丝路发展中的重要地位，为的是传承和发展，而不是沉浸在过去，唯有守正出新、面向未来，甘肃才有可能"面朝大海，春暖花开"，才能建设现在、超越过去、成就未来，抢抓"一带一路"最大机遇，再次走向世界，走向更加广阔的明天。

目　录

001　丝绸之路基本概况

003　一、"丝绸之路"概念的提出
012　二、丝绸之路的历史地位
018　三、丝绸之路甘肃段的历史贡献

035　丝绸之路的萌芽与发展

037　一、丝绸之路的萌芽
042　二、张骞凿通西域
047　三、窦固、班超在西域的行动与"三绝三通"
052　四、魏晋南北朝时期的丝绸之路

061　丝绸之路的兴盛

063　一、隋代丝路发展与万国博览会
069　二、大唐盛世与丝路兴盛
073　三、安史之乱后的丝绸之路

077　丝绸之路的衰落

079　　一、西夏统治时期的丝绸之路
082　　二、马可·波罗与元朝时的丝绸之路
091　　三、明清丝绸之路衰落的原因探究

097　近现代以来丝绸之路再发现

099　　一、西方探险家揭开丝绸之路的面纱
106　　二、简牍记忆中的丝绸之路
112　　三、敦煌学发现的盛大丝路

119　"一带一路"倡议的提出与丝绸之路甘肃段复兴

121　　一、"一带一路"倡议的提出
136　　二、"一带一路"倡议的主要内容
151　　三、"一带一路"的重大意义

157　"一带一路"甘肃黄金段

159　　一、丝绸之路经济带甘肃黄金段
168　　二、甘肃推进丝绸之路经济带黄金段建设取得的成就
176　　三、丝绸之路（敦煌）国际文化博览会的重大意义

189　　参考文献
195　　后　记

丝绸之路基本概况

这个地区是世界上主要宗教的发祥地，犹太教、基督教、伊斯兰教、佛教和印度教在这里相互碰撞。这是一个各语言群体相互竞争的熔炉，印欧语、闪族语、汉藏语混杂在那些说阿尔泰语、突厥语和高加索语的人群当中。这是一个见证伟大帝国兴盛衰亡的地方，文明冲突和敌国交战的效应会震慑到几千英里开外。站在这里，你能打开一扇审视历史的新窗口，你将看到一个复杂交织的世界：大陆与大陆之间在相互影响，中亚大草原上发生的事情可以在北非感同身受，巴格达发生的事件可以在斯堪的纳维亚找到回响，美洲的新发现会影响中国产品的价格，进而使印度北部的马匹市场需求剧增。

这些震颤都是通过一个网络传播到世界的各个角落，跟随着朝圣者、军队、牧人和商人旅行的足迹，伴随着交易的进行、思想的交流、相互的适应和不断的提炼。

——［英］彼得·弗兰科潘《丝绸之路：一部全新的世界史》

一、"丝绸之路"概念的提出

1. "丝绸之路"概念的提出

一般意义上的丝绸之路,是指古代自中国经西域通往中亚、西亚连接欧洲及北非的东西道路的总称。古代中国通往中亚、西亚连通欧洲北非的丝绸之路可以分为陆上丝绸之路和海上丝绸之路,经过陆路到达的称为陆上丝绸之路,经过海路到达的称为海上丝绸之路。连接亚欧大陆的古代交通路线分为三个主要走向:一是位于亚欧大陆北部游牧地区的草原丝绸之路;二是穿越中亚、西亚到达地中海域的绿洲丝绸之路;三是沿亚洲大陆南缘航行的海上丝绸之路。①

德国地理学家
斐迪南·冯·李希霍芬

---

① 赵汝清:《从亚洲腹地到欧洲——丝路西段历史研究》,甘肃人民出版社,2006年,第1—2页。

"丝绸之路"一词，一般认为是德国卓越的地理学家斐迪南·冯·李希霍芬男爵（Baron Ferdinand von Richthofen，1833—1905）在1877年首次提出来的。他认为，从公元前114年到公元127年间，连接中国与河中（指中亚阿姆河与锡尔河之间）以及中国与印度，以丝绸贸易为主要媒介的西域交通路线，就是丝绸之路。他曾于1868年至1872年间在中国工作，调查煤矿和港口，并绘制了一套五卷本著作带有附图，即《中国——亲身旅行的成果和以之为根据的研究》。第一卷（1877）中将上述线路称作"Seiden Strassen"，译成英文是"Silk Road"（丝绸之路）。继李希霍芬之后，1910年德国历史学家赫尔曼（A.Herrmann）的《中国和叙利亚之间的古代丝绸

DIE ALTEN SEIDENSTRASSEN
ZWISCHEN CHINA UND SYRIEN

BEITRÄGE
ZUR ALTEN GEOGRAPHIE ASIENS
MIT EINER KARTE VON ZENTRALASIEN
VON
ALBERT HERRMANN
BERLIN—1910

德國 黑爾曼 撰
漢代繪絹貿易路考

民國叄拾年·天津影印
Reprinted in Tientsin, China, 1941.

《中国和叙利亚之间的古代丝绸之路》

之路》一书对敦煌以西丝绸之路的文献考证甚详。

我们应该把名称（丝绸之路）的含义进而一直延长到通向遥远西方的叙利亚。总之，在与东方的大帝国进行贸易期间，叙利亚始终未与它发生过什么直接关系。但是，正如我们首次了解到的夏德研究的结果，尽管叙利亚不是中国生丝的最大市场，但也是较大的市场之一。而叙利亚主要就是依靠通过内陆亚洲及伊朗的这条道路获得生丝的。

由此可以认为，"丝绸之路"一词首先是由李希霍芬提出，最终由赫尔曼确立。但英国著名探险家、学者斯坦因（Mark Aurel Stein，1862—1943），却认为李希霍芬、赫尔曼仅仅是这一名称的普及人而不是首倡者。

英国著名探险家、学者　斯坦因

他认为，在希腊地理学家克罗狄斯·托勒密（约90—168）之前，居住在地中海东岸港口城市提尔的地理学家马利努斯在公元1世纪前曾写过一部《通往丝国之路》的书，可惜原书已佚，但"丝绸之路"的名称应该是马利努斯首先提出来的。公元2世纪托勒密在其《地理志》中关于这条古代交通路线的记载，就是依据当时他还能看到的马利努斯的著作写成的。据托勒密说，马利努斯的情报又是从马其顿商人马埃斯·梯蒂亚努斯那里获得的。"马埃斯是公元1世纪左右与遥远东方的中国从事丝绸贸易的希腊商人之一。"①

2. 古丝绸之路的基本走向

古丝绸之路主要指从长安出发经河西走廊、西域，越过帕米尔高原葱岭到达中亚、西亚直至欧洲北非的陆上丝绸之路。以长安为起点，在陇右经三道入河西。一路沿泾水谷地西北行，经今天的泾川、平凉、固原、景泰等地至武威；一路沿渭水谷地西行，经今天的宝鸡、陇县、通渭、临洮至兰州；另一路由临洮往今临夏、西宁至扁都口，再至张掖，诸路汇于河西道抵敦煌。由此再分三道：南道自玉门关、阳关至鄯善，沿昆仑山北麓和塔克拉玛干沙漠南边缘越过葱岭（今帕米尔高原），经大月氏（今阿姆河上、中游）西行。中道沿天山南麓和塔克拉玛干沙漠北边缘越葱岭，经大宛（今费尔干纳盆地）和康居（今撒马尔罕附近）南部西行，与南道汇于木鹿城（今乌兹别克斯坦撒马尔罕与布哈拉之间，泽拉夫尚河以北）；然后向西经和椟城（今里海东南达姆甘附近）、阿蛮（今哈马丹）、斯宾（今巴格达东南）等地，抵地中海东岸，再转至罗马等地。北

---

① 赵汝清：《从亚洲腹地到欧洲——丝路西段历史研究》，甘肃人民出版社，2006年，第1—2页。

道则出玉门关，沿天山北麓西行至碎叶城（因位于碎叶水畔而得名，在今吉尔吉斯斯坦托克马克西南阿克·贝西姆。位于天山南北麓两路交会点，是唐代通往中亚、西亚的交通枢纽），过里海北，经黑海至欧洲。该路沿途又有多条支线互相连接，如回中道（为关中平原与陇东高原间的交通要通。南起汧水河谷，北出萧关，因经回中得名）、六盘道，以及敦煌遗书中记载的第五道、大海道、银山道及经青海、西藏到印度的吐蕃路等。

一般人所说的"丝绸之路"，主要是指绿洲之路。这条"丝绸之路"从中国长安出发，经过河西走廊到达新疆然后分北路、中路、南路西行。其中北路经伊吾（今新疆哈密）、北庭（今吉木萨尔县）、阿力麻里（今伊宁）西去里海沿岸；中路经车师前王庭（今新疆吐鲁番西），过焉耆（今焉耆西南）、乌垒（今轮台东）、龟兹（今库车）、姑墨（今温宿）、疏勒（今喀什），越过帕米尔高原，直到地中海东岸地区。南路从阳关出发、沿塔克拉玛干大沙漠南缘，经鄯善（今新疆若羌）、且末（今且末县西南）、精绝（今民丰北）、于弥（今于田东）、于阗（今和田南）、莎车（今莎车县）等地，然后越世界屋脊，过阿姆河到伊朗，直抵伊斯坦布尔（东罗马帝国）。另外，陆上丝绸之路还有草原丝绸之路、西南丝绸之路；海上丝绸之路有经南海穿越马六甲海峡到印度洋、阿拉伯海沿岸国家的传统海上丝绸之路，还有一条就是东北经东海、日本海到达朝鲜半岛、日本的海上丝绸之路。

3.草原丝绸之路

草原丝绸之路，在公元前5世纪初步形成，其形成原因与游牧民族迁徙等生活习俗及部落战争密切相关。在夏商时期，据考古显示，蒙古草原地带存有不同车辆图案的壁画，车的发明带动了游牧民族的发展，而这个时代的人们也已经具有了运输商品的能力，贸易通道随之形成和发展，使得草原之路有了更多的变化。秦汉时期，匈奴不敌部落战争、自然灾害与汉王朝的多重打击逐渐走向了衰落，匈奴不得不南下西迁，而这一转移，实质是将蒙古草原丝绸之路与漠南的沙漠丝绸之路进行了连缀与拓展，由此促进了亚欧大陆南北两道的形成。到了魏晋时期，匈奴之后的鲜卑族再次统一蒙古草原，草原丝绸之路由此得到更进一步的发展。隋唐时期的草原丝绸之路，由于突厥与回鹘汗国的建立，以及唐王朝对两大汗国的管理，丝绸之路进一步走向繁盛。辽朝的建立，使得草原丝绸之路更加畅通，当时辽朝主要依靠草原丝绸之路与西方国家进行往来，它以上京（今巴林左旗林东镇东南）、中京（今宁城县）、东京（今辽阳市）、南京（今北京）、西京（今大同市）为骨干，形成了北达宝韦、乌古，东北至黄龙府、渤海国、奴儿干城，西北至突厥、吐谷浑，西至丰州、朔州、夏州，南通北宋的道路网络。在元朝，丝绸之路的繁盛达到了顶峰。由于元朝建立了驿站制度，设置了帖里干、木怜、纳怜三条主要驿路，因此构筑了连通漠北至西伯利亚、西经中亚达欧洲、东抵东北、南通中原的发达交通网络。明朝时期，由于草原民族不断侵扰，中原明王朝不得不关闭边境，草原丝绸之路的发展因此滞后。清朝时期，由于实施闭关锁国的政策，草原丝绸之路逐渐走向了衰落。

　　草原丝绸之路一个方向是从长安出发路经河西走廊沿天山北麓草原地带进入伊犁河河谷，沿河谷北上途经越楚河和塔剌思河流域。向西越锡尔河进入阿姆河以北农耕区，或向南经今阿富汗向南亚行、或向西经今土库曼斯坦，穿过伊朗、伊拉克达地中海地区。从塔剌思河亦可向西北沿锡尔河而下，进入欧亚草原，向西到东欧。另一个方向从中原可直接向北分数路进入蒙古草原。渡大漠而北，便进入蒙古高原。从蒙古高原可直接向北，达今贝加尔湖，向西沿今西伯利亚铁路所经的森林地带向西，一直到达东欧；亦可向西越杭爱山、沿阿尔泰山西行，再折向南进入天山以北草原，沿天山北麓至伊犁河，再西行过碎叶川、塔剌思河，抵锡尔河，沿河而下至咸海，顺其北岸西行，过乌拉尔河、伏尔加河，直至黑海北岸。简而言之，草原丝绸之路就是横贯欧亚大陆北方草原地带的交通路，在这条线路上进行的主要活动就是以丝绸、粮食等换取毛皮、马匹、羊群等的贸易与文化交流。

4. 西南丝绸之路

西南丝绸之路，指从长安出发路经四川、贵州、云南、西藏、广西而到印度、东南亚以远（南亚次大陆）、大洋洲、太平洋岛国的通道。根据考古材料来看，西南丝绸之路可能在战国时期就已开通。公元69年，地处云南西南的永昌郡（治所在今云南保山东北，辖境相当于大理白族自治州及哀牢山以西的广大地区）的设立，标志着东汉政府正式控制了西南丝绸之路。从此，由四川到印度，可以先取青衣道或"五尺道"至会昌，然后再由会昌经缅甸至印度。青衣道的具体走向是，由成都经青衣（今名山北）南下，取莋都（今汉源北），途经阑县（今越西）、邛都（今西昌）、会无（今会理），渡金沙江，再经青岭（今大姚），然后西行至不韦（今保山东北）、腾冲，再循大盈江南行进入缅甸境内八莫。从八莫到印度，又有水陆两道。陆道自八莫、密支那，向西越过亲敦江和那加山脉，抵达印度的阿萨姆地区，再沿布拉马普特河谷到达印度平原。水路则是从八莫顺伊洛瓦底江南下入海，然后航海到印度。"五尺道"的具体走向是，由成都，经武阳（今彭山），沿岷江南下，经南安（今乐山）、僰道，再沿"五尺道"南行，经朱提（今昭通）、味县（今曲靖），然后向西至不韦，再由不韦接前述经缅甸至印度的水陆两路。另外，从味县南下，还可取道糜水（今红河）进入交趾郡，从而与海上丝绸之路相通。

5. 海上丝绸之路

海上丝绸之路起自中国东部沿海港口，经过南中国海，穿越马六甲海峡，进入印度洋，到达波斯湾和阿拉伯半岛的海上丝绸之路。此外，由中国港口出发，横渡黄海或东海到达朝鲜和日本的航路，为海上丝绸之路的支线。海上丝绸之路萌芽于秦朝，开辟于两汉，发展于魏晋南北朝时期，繁荣鼎盛于宋元时期，明朝时期由盛转衰，止步于闭关锁国的清代，毁于西方列强侵略。秦朝时，秦始皇派兵征伐岭南，设立岭南三郡，后建立南越国。南越人善于并精通造船航海，已经与南海区域国家有贸易往来。西汉时期，汉武帝灭南越，开辟了海上贸易航线，远至印度。唐宋时期海上丝绸之路繁荣发展，以广州、泉州、宁波为主的对外港口贸易十分发达。中国的丝绸、瓷器、书籍等源源不断地沿着海上丝绸之路传向世界各地。同时来自遥远非洲、西亚、南亚的象牙、犀角、香料等也输入中国。元朝时期海上丝绸之路发展到极盛。马可·波罗来到元朝后对当时海外贸易的盛况赞不绝口，他称泉州港"涨海声中万状国商"，为"东方第一大港"。明清时期海上丝绸之路发展因为海禁政策时废时兴，东南沿海港口的发展也是一波三折，不少的港口对外贸易停滞不前甚至消失。到了乾隆二十年（1755），仅有广州"一口通商"，各国商船云集广州黄埔港。鸦片战争以来，西方列强纷至沓来，海上丝绸之路贸易从此断绝，中国从此遭受西方列强的不断掠夺，陷入了百年屈辱史，同时也进入了百年探索史、百年奋斗史的历史进程之中，直到中华人民共和国的建立宣告中国人民从此站立起来了，中华民族得以解放。今天的中国已实现"富起来",正迈上"强起来"的大道。2013年10月,习近平总书记在印度尼西亚国会发表重要演讲时指出,中国愿同东盟国家发展好海洋合作伙伴关系,共同建设21世纪"海上丝绸之路"。这标志着海上丝绸之路在21世纪的今天重获新生,迎来充满希望的明天!

二、丝绸之路的历史地位

丝绸之路全程,从西安经安西、喀什噶尔、撒马尔罕和塞流西亚,直至推罗,直线距离是 6760 公里,如果加上沿途绕弯的地方,总共约 9656 公里,相当于赤道的 1/4。可以毫不夸张地说,这条交通干线是当时穿越整个世界的最长的路。正如瑞典学者斯文·赫定所说:"从文化—历史的观点看,这是连接地球上存在过的各民族和各大陆的最重要的纽带。""中国内地沿这条皇家驿道出口的商品中,无论在数量或地位上,都没有哪一样能与华美的丝绸相媲美。距今两千年前,中国丝绸是世界贸易中最受崇尚、最受欢迎的商品。"

丝绸之路历史之悠久、分布之广泛、线路之长、沿线文化和自然遗产之多世所罕见,在人类文明发展史、人类贸易发展史、人类信仰发展史、世界民族迁徙史上都有着举足轻重的地位,历来被喻为世界历史展开的主轴、世界主要文化的母胎、东西方文明的桥梁。这条通道是在近代"地理

瑞典学者、探险家 斯文·赫定

大发现"所导致的新世界秩序建立之前的一条改变世界历史与文明的大通道，不仅沟通了东方文明与西方文明，而且促成了这两个文明之间的交互影响。对中国历史的影响而言，"它改变了中国的宗教生活（佛教等皆由此传入中国）、中国的经济生活、中国的文学哲学生活与艺术生活、中国的战争方式、中国的民族成分以及中国的'帝国'概念等等"。①

1. 古丝绸之路的性质

古代丝绸之路，从时间上看，跨越两千多年，历经中国历史上先秦、汉唐、宋元、明清等漫长的时期。从地理类型来看，包括陆上丝绸之路和海上丝绸之路。从文化特色来看，农耕文化与游牧文化交织，大陆文明与海洋文明辉映，东方文明与西方文明交融，中华文化与世界文化交往碰撞，文化类型多样，文化影响深刻，文化交流交融，西学东渐、东学西传，色彩斑斓。从文化流动的载体来看，既有漫漫大漠悠悠驼铃，也有洋洋大海片片风帆，取经之道漫长绵延，贡赐贸易繁华久传；既有民族迁徙大潮，也有世界八方来客，既有相亲相惜的文化相连，也有争夺奔走的贸易之争，北方草原上万马奔腾，中间陆路上驼铃悠扬，南方大海上千帆竞发。从商品类型上来看，可分为"皮毛之路""天青石之路""玉石之路""黄金之路""珠宝之路""丝瓷之路"和"香料之路""茶马之道""信仰之路""作物之路"、奢侈品消费之路等。从往来丝路的人群来看，既有使者、商人、学者、僧侣、传教士、旅客、奴婢、技艺者、画家、音乐家等，也有民族迁徙、得胜之师、败军之将等，因此，丝绸之路也可称为"商旅之路""学习之路""友谊之路""传教之路""朝圣之路""艺术传播之路"、征战之路、

---

① 张春树：《汉代丝绸之路的开拓与发展》，载台湾《食货》月刊第十五卷第一、二期，1985年6月。

民族迁徙之路。河西走廊、藏羌彝走廊就是一条名副其实的民族迁徙之路，乌孙、大月氏、匈奴的西迁之路亦是民族迁徙之路的表现。从地理特征上来看，有陆上丝绸之路和海上丝绸之路，陆上丝绸之路又可分为沙漠绿洲之路、草原之路、西南丝绸之路等。古代丝绸之路被誉为"人类文化的运河""亚欧非大陆的动脉"，对人类历史发展产生了重大影响。日本学者森安孝夫指出："在旧世界，即以亚欧非世界为依托而形成的'欧亚大陆世界史'的时代，丝绸之路乃是连接各个文明圈最重要的纽带。"

2. 古丝绸之路历史定位

丝绸之路是贯通亚欧非大陆的动脉，是古代世界历史发展的主轴和中心地带之一。在这条道路上，塞人、羌人、丁零人、乌孙人、月氏人、匈奴人、突厥人、回鹘人、蒙古人自东向西迁徙；希腊人、罗马人、雅利安人、塞族、阿拉伯人、粟特人自西向东迁徙，伴随着来来往往的民族迁徙演变，丝绸之路的历史在不断地演变。丝绸之路是古代东西方文化交流的重要纽带，是世界文明交流合作的象征；是东西文明的桥梁，为沟通东西方文明，促进不同民族、不同文化相互交流和合作作出过重要贡献；是古代东西方商贸往来的重要通道，实现了亚欧大陆内部物质产品的交换和作物品种的传播。

丝绸之路是世界"文化之源"。在它的东西两端之间，产生了埃及文明、希腊文明、中国文明（东方文化的集大成者）、印度文明、美索不达米亚文明、中亚文明、波斯文明、阿拉伯文明、西方文明等许多古代文明，对人类文化产生过重大的影响。

"丝绸之路"是东西方文化和科学技术交流的桥梁。自古以来，东西方文化和科学技术正是通过这条道路而相互传播的。中国的玉器、养蚕技术、丝绸、瓷器、火药、造纸、印刷术、炼钢术和凿井技术等，通过这条道路传到了西方；祆教、景教、摩尼教、佛教等宗教的文化艺术，又顺着这条道路传入了东方，促进了人类文明的发展和科学技术的进步。其中佛教对中国思想文化影响深远，佛教与儒、道一起成为我国古代思想领域的三大板块。

　　高度发达的文明，一经接触便如饥似渴地互相接纳和吸收，在天文、历法、数学、医学、音乐、美术等文化领域，中西双方通过交流，都得到了提高。中国造纸术和印刷术，它既是作为一种先进技术传入西方的，同时也是中华优秀文化西传的例证。造纸术和印刷术的出现，使西方学术、教育从基督教修道院中解放出来，改变了只有僧侣才能读书写字和受教育的状况，对当时欧洲宗教改革、反封建斗争及资本主义思想文化的传播起到了不可估量的巨大作用。在亚欧文化的东传中，以杂技百戏、乐曲歌舞、宗教最为突出。杂技百戏在我国也有悠久的历史，自从引入西方杂技和马戏之后，我国杂技表演更加丰富多彩，百戏杂耍更是名目繁多。唐代在吸收印度乐曲基础上创造出的著名的"霓裳羽衣曲"及风格独特的西域胡旋舞、胡腾舞、拓枝舞等，对我国古代的音乐舞蹈产生了重大的影响。从西方传入我国的马铃薯、番薯、棉花、胡萝卜、番茄、洋葱、黄瓜、胡豆、胡荽、大蒜、大葱、芝麻、葡萄、石榴、玉米、向日葵等进一步增加了中国的作物种植品种，也丰富了中国饮食文化。同时，丝路沿线各国传入的特产如珍珠、宝石、玻璃、象牙、犀角等，一方面满足了古代中国奢侈品市场需求；另一方面各种动物如大象、犀牛、长颈鹿、斑马、狮子、老虎等都流入我国，既开阔了中国人的视野，也进一步丰富了古代中国的动物物种。习近平总书记指出：两千多年前丝绸之路开通以后，中国的造纸、冶铁、中医等经中亚传播至世界，中亚、西亚的天文、地理、数学等知识也相继传入中国，促进了双方社会发展。

　　日本学者森安孝夫在他的《丝绸之路与唐帝国》一书中这样描述陆上

丝绸之路贸易，"以骆驼、马匹等来运输的奢侈品和嗜好品主要有：来自东方中国的丝织品、纸张、茶叶；西方波斯以及地中海东部的金银器、玻璃制品、乳香、药品、绒毯；南印度以及东南亚的胡椒、香木、宝石、珊瑚、象牙、犀角、玳瑁、蓝靛；北方俄罗斯、西伯利亚、满洲等地的高级毛皮、人参、鹿角、鱼胶；以及来自中亚自身的和田玉、巴达赫尚的青金石、库车的硇砂、西藏的麝香以及牦牛尾；还有多地出产的棉毛织品、首饰、盔甲（锁子甲）、装饰马鞍等，以及葡萄酒、蜂蜜、大黄等物。除此之外的重要贸易品，还有尽管笨重却可以自己活动的奴隶及家畜等。""在丝绸之路上，不仅有各种活跃的商业活动，而且随着佛教、祆教、摩尼教、基督教、伊斯兰教等宗教的传播，基于长期以来积累起来的财富，各地建造起了许多寺院和教会。这些寺院和教会都有豪华的装饰及华丽的壁画，并且因为布施来的金钱财物而得到了精心的管理和维护。此外，僧侣及朝圣者们在进行宗教活动的同时，一般也从事商业活动。不仅公私世俗等方面用来标志权威及炫富的物品成为商品，从事宗教仪式时的必需品（僧侣的服

敦煌壁画 《西方商人来华图》

装、道场的装饰品、香料、供果等）也都是重要的商品，这些都成为远距离商业蓬勃发展的重要原因。"在短距离的丝路贸易中，"所贩运的不仅有马、骆驼等价高而且跑得快的家畜，也有价格低廉行动迟缓的家畜，比如绵羊、山羊、牛等。在这些从事丝绸之路贸易的商人中，以阿兰商人、印度商人、巴格达商人、粟特商人、波斯商人、阿拉伯商人、叙利亚商人、犹太商人、亚美尼亚商人、回鹘商人、回族商人等最为著名。"

季羡林先生曾指出："横亘欧亚大陆的丝绸之路，稍有历史知识的人没有不知道的。它实际上是在极其漫长的历史时期内东西文化交流的大动脉，对沿路各国，对我们中国，在政治、经济、文学、艺术、宗教、哲学等方面的影响既广且深。倘若没有这样一条路，这些国家今天发展的情况究竟如何，我们简直无法想象。"

三、丝绸之路甘肃段的历史贡献

1. 丝绸之路甘肃段

丝绸之路中国境内的部分属于丝绸之路东段，甘肃境内的丝绸之路为丝绸之路东段最精华的部分。东段自长安（或洛阳）至西域的丝绸之路可分为两大段：自西安至敦煌、玉门关、阳关为东段，包括陇右、河西和青海段；自敦煌、玉门关、阳关入新疆为西段，可称之为西域段。东段的陇右和河西线分南路和北路，南路从西安（长安）经咸阳、扶风、凤翔、陇县（陇州）、天水（秦州）、甘谷（伏羌）、陇西（渭州）、临洮（临州）、兰州（金城）、永登（广武）、古浪（昌松）、武威（凉州）、张掖（甘州）、酒泉（肃州）、安西（瓜州）至敦煌（沙州）。北路则从西安经咸阳、乾县、彬县（邠州）、径川（泾州）、平凉至固原（原州）和靖远（会州），再转河西走廊去敦煌。南路虽比北路稍远，但路途平坦，行旅较多。唐代安史之乱后，吐蕃自青海北上，逐步占领秦、兰、原、会各州，公元781年占领沙州，控制了整个西北,长安通敦煌的南北两路皆阻隔不通，只能从西安北上邠州、庆州（庆阳）、环州（环县）至灵州（灵武），然后渡黄河沿贺兰山南至武威，灵州便成了通向河西、漠北的交通枢纽。丝绸之路青海道是以伏俟城和都兰为枢纽的，有四条路线通过这里：第一条是从金城（兰州）经鄯州（乐都）、鄯城（西宁）过赤岭（日月山），沿青海湖南岸或北岸至伏俟城，西去小柴旦、大柴旦，北转当今山口至敦煌。第二条是从伏俟城到都兰，经诺木洪至格尔木，转西北过茫崖镇至若羌。这两条路都是绕开河西走廊往西域去的。第三条是从伏俟城向东南，经贵德、同仁入四川松潘，南至益州（成都），再转东南沿长江而下至建康（南京）的路线，这是公元4—6世纪南朝通西域的主道，因中间要经过吐谷浑河南王的辖区，故又称"河南道"，当时许多高僧和商人从西域到中国南方便多经此路。第四条是从青海入西藏至尼泊尔、印度的路线。

2. 丝绸之路甘肃段特色

（1）丝绸之路甘肃段是古丝绸之路黄金段

古代丝绸之路是连接旧大陆三大洲最重要的国际通道，曾为整个人类世界的物质文明、精神文明和社会文明做出过巨大的历史贡献，享有"世界文化的母胎""推动古代世界历史车轮前进的主轴"等盛誉。甘肃地处东亚与中亚的结合地区，是我国东中部腹地通往西北地区乃至西域各国的天然走廊和必经孔道，历史上向为屏蔽关中、中原的门户和中央王朝经营西域的重要根据地，不仅战略地位突出，而且经济文化意义重大。丝绸之路贯穿甘肃全境。古丝绸之路全长7000多公里，其主干线在甘肃东西绵延长达1600多公里，约占其全程总长度的1/5。由此甘肃成为古代东西方经济文化交流最重要的桥梁，东西方文明在这里交融汇聚，西传东渐。丝绸之路极其丰富的文化遗存是甘肃历史文化资源中最有优势、最具光彩和魅力的珍宝。甘肃因丝绸之路而成为我国历史上率先对外开放的地区，河西走廊实为我国走向世界的第一条通道。汉唐以来中国以其恢宏的气魄、灿烂的文化向世界展开胸怀，随着丝路的畅通，地处四大文化体系汇流之区的甘肃,每每得风气之先,敞开大门,广接八方来客,海纳外来营养,表现出对外来文化强大的融合力。正是由于这种区位优势,陇原各地得以长时期地吸收、汲取丝绸之路上荟萃的各种文明成果来滋养自己,促进自身经济文化的发展和繁荣,在华夏文明史上具有举足轻重的地位,发挥过无以替代的作用,留下了不可或缺的辉煌篇章。

(2)甘肃是丝绸之路上的文化资源大省

甘肃的文化资源类型多样,数量众多,全国排名在前五位。从文物遗存来看,甘肃是丝路古道上保存各类文物最丰富、文物价值最高的省区之一,是文物大省。目前全省拥有世界文化遗产点7处(敦煌莫高窟、锁阳城遗址、玉门关遗址、悬泉置遗址、万里长城嘉峪关、炳灵寺石窟、麦积山石窟),与北京并列成为拥有世界文化遗产数量第二位的省(市),也是我国拥有世界遗产最多的省区之一。甘肃拥有全国重点文物保护单位131处,省级重点文物保护单位625处,市县级文物保护单位5035处。不可移动的文物点16895多处,国有可移动文物419672件(套)。有全国重点文物收藏单位近百家,全省已建成各类博物馆385座,馆藏文物50多万件,其中一级文物2000多件,在全国居于前列。

在古丝路上,甘肃保存的古城遗址数量最多、类型最复杂、时代序列最齐全、出土文物相当丰富。甘肃省境现存各类古城址不下500座,它们是古丝绸路上留存的一笔丰厚的历史遗珍,是我国古代文明具有权威性的历史标本和实物载体。这些城址就其类型来看,既有省、府、州郡城、县城,又有土司城、乡城、村堡、驿站;既有军城、守捉城,又有障城、坞壁、折冲府城、戍所,可以构成完整的古代行政、军事城址系列。就其时代来看,最早的有距今2700多年前沙井文化时期的金昌三角城,更有大量汉唐明清时期的城址,时代序列也相当完整。就其规模来看,有的壮观雄伟,高垣崇堞,周长可达几公里,如世界文化遗产瓜州锁阳城周长超过4公里,面积达 80 万平方米;有的则较为小巧。

甘肃境内的古墓葬、墓群很多,有的品级颇高,为古丝路上的又一奇观。礼县大堡子山秦公墓地是秦始皇先祖庄公、襄公、文公的墓葬群,距今已有 2700 余年,规模宏大,计有大墓 2 座、小墓 9 座、车马坑 2 座,规格同于帝王,出土了大批极珍贵的文物,为我国商周考古上罕见的重大发现。武威雷台汉墓属全国重点文物保护单位,为著名的铜奔马和铜车马仪仗的出土地。铜奔马即马踏飞燕,现为国宝级文物,收藏在甘肃省博物馆。马踏飞燕的形象现已成为中国旅游标识,是一件罕见的稀世艺术品,造型矫健精美,呈昂首嘶鸣、飞跃奔驰状。铜奔马头部略显左扬,长尾飘逸,三足腾空,右后蹄踏一飞燕,飞燕展翅翱翔,回首注目惊视,其艺术水准之高世所罕见;铜车马仪仗则显示出汉代生活在河西的达官显贵出行时的宏

马踏飞燕

大气势，一定程度上折射出汉代河西经济的发达程度和中国冶铜业的世界水平。嘉峪关、酒泉、高台等地的魏晋壁画墓群，保存彩绘砖墓画2000余幅，以丰富生动的场景再现了魏晋时期河西生产、生活的场景，是曾经轰动中外的地下画廊，其中邮差图成为中国邮政标识。张家川马家塬战国墓群，随葬大量车马及其他物品，颇为稀见。漳县汪氏家族墓为元明两代陇右豪族汪世显家族墓群，出土物丰富，考古价值很高。甘肃天祝岔山村唐代吐谷浑慕容智墓是目前国内发现保存最完整的唐代早中期吐谷浑王族成员墓葬，出土大量金银器、漆木器、革制和丝麻织品、彩绘陶等遗物，充分展现吐谷浑王族丧葬制度和习俗，对研究吐谷浑王族谱系，了解吐谷浑政权发展历史、唐王朝与吐谷浑政治军事关系，以及丝绸之路民族关系史、物质文化史都具有重要研究价值。其他还有汉代名将李广墓、赵充国墓等，都具有极高的历史文化价值。

画像砖　邮差图

甘肃为丝路沿线人类口头与非物质文化遗存十分丰富、且颇具特色的地区。现有国家级非遗名录项目61项，省级非遗名录项目333项，市县级非遗名录2000多项，发现非遗线索27000多条。如洮岷花儿、河州花儿、洮砚、兰州太平鼓、庆阳香包与刺绣、陇东皮影、陇东道情、剪纸、天水雕漆、兰州刻葫芦、羊皮筏子、临夏砖雕、保安腰刀、酒泉夜光杯、拉卜楞寺酥油花、甘南藏戏、白马藏族服饰与习俗、裕固族民歌与服饰、敦煌古乐、敦煌舞谱，以及古典诗词、书画、地方餐饮等，多姿多彩，美不胜收。甘肃大地上还广泛流传着大禹治水、苏武牧羊、昭君出塞、霍去病收复河西、文姬归汉、鸠摩罗什传经、法显西行、薛仁贵征西、唐僧西天取经、马可·波罗东方探宝等许多脍炙人口的动人故事和传说。这批文化遗产学术价值颇高，许多堪称世界级。甘宁青一带广泛传唱的花儿，已进入世界非物质文化遗产名录。

张掖大佛寺始建于西夏崇宗永安元年（1098年），为西夏国寺，是我国唯一一座西夏佛教寺院，里面有一座著名的卧佛，也是亚洲最大的室内木胎泥塑佛。寺内保存着世所罕见的明代手书金经《大般若经》和全国保存最完整的明代官板初刻初印本《北藏》，以及数以万计的馆藏精品文物，是研究西夏学的重要依据。

《四库全书》是清乾隆时编纂的我国历史上卷帙浩繁的一部官修丛书，总汇了先秦至清代中期的传世经典文献，堪称"千古巨制"，计有79000余卷、36000余册，约有8亿字、230万页，有"典籍总汇、文化渊薮"的美誉，被国际学术界誉为"中国文化的万里长城"。书成之后，共抄写了七部，分藏南北七地，就是著名的"北四阁"与"南三阁"。历经战火纷扰，如今完整传世的只有三部半，珍藏在北京（文津阁《四库全书》）、兰州（文溯阁《四库全书》）、台湾（文渊阁《四库全书》）、杭州（文澜阁《四库全书》）。其中的文溯阁本就保存在兰州黄河之滨的九州台上。文溯阁《四库

兰州北山九州台之上的四库全书馆

全书》已经成为甘肃省的一张文化名片,成为承载和传递民族传统的载体。

（3）甘肃是丝绸之路上的石窟艺术走廊

甘肃全省现存各类石窟寺337座,数量居全国第一,素有"石窟艺术之乡"美誉。其中具有学术研究和旅游观光价值的大中型石窟群40多座。敦煌莫高窟和麦积山石窟都属于中国"四大石窟"。甘肃拥有世界上独一无二的规模壮观的石窟走廊和壁画、塑像艺术长廊,莫高窟、西千佛洞,安西榆林窟、东千佛洞、肃北五个庙石窟、昌马石窟、文殊山石窟、马蹄寺石窟、金塔寺石窟、天梯山石窟、炳灵寺石窟、麦积山石窟、拉梢寺石窟、南石窟、云崖寺、北石窟、保金寺石窟等50多处石窟群、2500多座洞窟、16000余身造像、56000余平方米壁画,修建时间从北

甘肃境内石窟分布示意图

魏一直持续到元明，历时之久，修建之规模大、工时之多，世所罕见。无论从石窟群和石窟的数量，所存造像、壁画的规模，还是从其艺术、历史价值来看，不仅在国内无所企及，在世界上也难寻第二。

（4）"世界的敦煌""人类的殿堂"在甘肃

敦煌莫高窟的建造规模大、时间跨度长、延续性强、时代特征和区域性特征鲜明、艺术表现形式多样、多民族文化并存，符合世界文化遗产全部六项标准，并于1987年被联合国教科文组织列入世界遗产名录。迄今保存了735个洞窟、45000平方米壁画、2290多身彩塑、5座唐宋窟檐。是中国现存规模最大的佛教石窟寺遗址，是世界上历史延续最悠久、保存较完整、内容最丰富、艺术最精美的佛教艺术遗存。历经北凉、北魏、西魏、北周、隋、唐、吐蕃、五代、宋、回鹘、西夏、元等千余年营建，艺术传承关系清晰，几乎包括了整个佛教入华以来的开窟造像史，代表了公元4—14世纪中国佛教美术艺术的高度成就，既体现着各历史时期中原王朝和地方政权流行艺术样式特征，同时又表现出强烈的敦煌地方化艺术元素，反映出丝绸之路上中西交流的旺盛活力和敦煌本地文化的强大整合能力。石窟营造、壁画、彩塑三位一体，另有木构窟檐和殿堂建筑，窟前的舍利塔、寺院建筑遗迹及各类出土器物，窟内花砖、石雕石刻艺术，以及藏经洞的绘画、刺绣、幢幡、书法、木雕等各类艺术品。以汉民族艺术为主，包容并蓄鲜卑、波斯、粟特、突厥、吐蕃、回鹘、党项、蒙古族等多民族艺术，是多民族文化艺术交汇融合的结晶。敦煌艺术被誉为"形象的历史"，它在弘扬佛法、广布教化的同时，客观上也以图像的形式，呈现了自十六国北朝以来敦煌、河西以至中国北方的许多真实历史场景，以图证史，史料价值极高。敦煌石窟被誉为"佛教艺术宝库"和"中世纪的百科全书"。敦煌是古代丝绸之路上的交通枢纽，商业贸易的集散之地，是世界上四大文明、十余个民族文化的融汇之处。敦煌是世界的敦煌，是名副其实的"人

敦煌莫高窟

类的殿堂"。习近平总书记在敦煌研究院座谈时的讲话指出：敦煌文化延续近两千年，是世界现存规模最大、延续时间最长、内容最丰富、保存最完整的艺术宝库，是世界文明长河中的一颗璀璨明珠，也是研究我国古代各民族政治、经济、军事、文化、艺术的珍贵史料。敦煌作为中国通向西域的重要门户，古代中国文明同来自古印度、古希腊、古波斯等不同国家和地区的思想、宗教、艺术、文化在这里汇聚交融。中华文明以海纳百川、开放包容的广阔胸襟，不断吸收借鉴域外优秀文明成果，造就了独具特色的敦煌文化和丝路精神。敦煌文化属于中国，但敦煌学是属于世界的。把莫高窟保护好，把敦煌文化传承好，是中华民族为世界文明进步应负的责任。希望大家再接再厉，努力把研究院建设成为世界文化遗产保护的典范和敦煌学研究的高地。季羡林先生曾说过："敦煌文化的灿烂，正是世界各族文化精粹的融合，也是中华文明几千年源远流长不断融会贯通的典范。"

敦煌是多民族的聚居地，是丝绸之路的咽喉要塞，不管丝绸之路有几条道路，敦煌都是唯一不变的吐纳口，自古就有"华戎都会""西域咽喉"之称。敦煌又是东西方文化的交汇之所，是中华文化"走出去"、域外文化"走进来"的重要通道。

（5）拉卜楞寺在甘肃

坐落在甘肃省甘南藏族自治州夏河县的拉卜楞寺，是驰名中外的世界藏学府，由嘉木样活佛创建于清康熙四十八年（1709年），是我国藏传佛教格鲁派六大宗主寺院之一。在宗主寺院中拉卜楞寺最年轻，只有300余年历史，但其寺院规模宏大，占地约86.6万平方米，建筑面积40余万平方米，大殿就有90多座，鼎盛时期，曾有僧众3600多人。其所辖寺院分布于甘肃、青海、四川、宁夏、新疆、内蒙古、东北三省等辽阔地域，共有139处。拉卜楞寺原有6大扎仓（学院）、18囊欠（活佛公署）、18拉康（佛寺），并且金塔、辩经坛、藏经楼、印经院等建筑遍布山腰以上，崇楼峻宇，金瓦朱甍，墙垣均为红、黄色，寺顶四隅立铜质镏金宝瓶，飞檐描金错彩，华丽非凡；现拥有经堂6座、佛殿84座、藏式楼31座、佛宫30处，经轮房500间及各种寺塔和僧舍等。收藏经书典籍约六万余册，分全集、哲学、密宗、医药、声明、缀韵、历史、宗教、传记、工巧、数学、诗词十二大类。设六大扎仓（学院）：时轮学院、医学院、喜金刚学院、闻思学院、续部上学院、续部下学院，保留着最完整的藏传佛教教学系统，学科完善，学习背诵和辩论相结合。考试全年分两次，一次在藏历五月十七日至六月十七日的学期之间，另一次在十一月十七日至十二月十七日的学期之间。凡经辩论考试合格者，授予然坚巴学位，其名额有严格的限制。拉卜楞寺高一等的格西学位是多仁巴，凡俱舍部毕业的学经僧人"尕仁巴"

均有报考资格,但考取名额有限,且尕仁巴人数又很多,故轮到报考机会往往需要十多年,甚至几十年。多仁巴在正式考试前,还要经嘉木样大师进行预考,合格后方能参加正式考试。考试全年也分两次,一次在正月祈愿法会,另一次在七月法会,均在讲经场上立宗答辩,考取名额,每年只有两名。多仁巴考试非常严格,考取实属不易。获得多仁巴格西学位的僧人就有较多的自由,可不再参加寺院的一切经常性集会活动,可著书立说

夏河县拉卜楞寺

弘扬佛法,可进入密宗学院修习密宗,可被派充属寺的堪布,或任活佛的经师等。拉卜楞寺在藏传佛教发展中具有举足轻重和不可替代的地位,不仅培养了许多德高望重的活佛,为传承、保护藏文化做出了不可磨灭的贡献,而且为藏族群众聚居区的稳定、发展做出了重要贡献,已成为甘、青、川地区最大的藏族宗教和文化中心。

(6) 甘肃是各民族交流交融的主要地域

甘肃自古以来就是一个多民族聚居之地，许多民族在这里形成、活动、迁徙、交流交往交融，使甘肃成为西北多民族文化交流交往交融的摇篮和高地，不仅对于甘肃历史的发展，而且在全国历史上都产生过不容忽视的重要影响。多民族的共同开发建设，赋予甘肃历史文化多元的内涵和民族交融的斑斓色彩。著名学者费孝通曾提出"民族走廊"的概念，河西走廊正是我国古代一条路线最长、历时最久、规模宏大、文化沉淀丰厚的民族走廊。春秋战国及其以前的西戎，古老的羌族，汉代出自敦煌、祁连间的月氏、乌孙和迁入河西的匈奴，魏晋十六国，南北朝时期的羌、氐、鲜卑、敕勒、柔然、吐谷浑、卢水胡等，隋唐和宋代的吐蕃、回鹘和党项族，元朝的蒙古族、畏兀儿、回族、藏族，明清时期的保安族、东乡族、撒拉族、裕固族、哈萨克、柯尔克孜族等，都曾在这里书写过自己的辉煌。贯通甘肃的丝绸之路更是一条东西方民族交往交流交融的民族之路。塞种人、斯基泰人、闪族、希腊人、罗马人、贵霜人、波斯人、粟特人、突厥人、阿拉伯人、印度人自西向东而来，大月氏人、乌孙人、匈奴族、蒙古族等自东向西而去，你来我往，民族大交往、大交流、大融合，开创了世界民族融合发展先河。汉代开边，北征匈奴，西通西域，诸国贡使连绵不绝，至唐代开通丝绸之路，西域商贾、贡吏更是接踵于道。来自中亚、西亚以至更为遥远地域的一些民族，不断涌入河陇，为河陇当地社会文化注入新的血液和营养，使这里的文化面貌呈现出更为开放、多元的新气象。蒙古军队三次西征，带回大批的穆斯林军士、工匠及其家属。元代以后渐次形成了甘肃多民族共同生活的格局。贯通甘肃的藏羌彝族走廊是一条由北方草原地带开往西南云贵高原、青藏高原、横断山脉乃至南亚次大陆的通道，今天生活在青藏高原的藏族、生活在云贵高原的羌族、彝族等就是北方游牧民族通过贯穿甘肃的这条通道，沿青藏高原边缘到达到青藏高原内陆和云贵高原，孕育演化了今天这一区域的民族分布格局。沿着藏羌彝民族走廊还贯穿着一条民族间交流交往交融的、历史悠久的茶马古道，产自云贵高原、四川等地的茶叶沿着这条路运往北方草原地带的游牧民族和农耕地带西北大地，而北方游牧地带的马匹、皮毛、奶制品及其制作方法也随着茶马的物物交易传到了西南云贵高原甚至横断山脉。今天，在甘肃，人口在千人以上的民族就有16个，其中还有3个特有民族，即东乡族、保安族和裕固族。各民族文化传承不同，宗教信仰不同，风俗习惯不同，但都能够相互尊重、相互学习、互帮互助、和谐相处。他们过去是现在依然是伟大祖国的建设者，是灿烂华夏文明的创造者和传承创新者。

（7）甘肃是敦煌学和简牍学的故乡

甘肃是我国近代四大文献考古发现的两大奇观——敦煌遗书和汉代简牍的出土地，是最能代表丝绸之路学术成就的国际性显学——敦煌学、简牍学、西夏学、藏学的故里。20世纪初，莫高窟珍藏的古代文书和精美文物震惊了世界。习近平总书记指出：敦煌文化延续近两千年，是世界现存规模最大、延续时间最长、内容最丰富、保存最完整的艺术宝库，是世界文明长河中的一颗璀璨明珠，也是研究我国古代各民族政治、经济、军事、文化、艺术的珍贵史料。敦煌学是指以敦煌遗书、敦煌石窟艺术、敦煌学理论为主，兼及敦煌史地

为研究对象的一门学问，其内容涉及中国古代的政治、经济、军事、历史、哲学、宗教、民族、语言、文学、艺术、科学技术，涉及通过丝绸之路东西文化交流的许多方面。著名学者陈垣先生说："凡与敦煌石室所发现的文献以及敦煌石窟建筑、壁画、雕塑以至敦煌的历史文化等有关的问题，都是敦煌学研究的对象，这是一门综合性的学科。"季羡林先生说："敦煌在中国，敦煌学在世界。"习近平总书记指出：敦煌学是当今一门国际性显学，世界上许多国家如英国、法国、俄罗斯、日本、德国、美国、印

敦煌卷子　道教写经

度等国不少学者都在从事敦煌学研究。要引导支持各国学者讲好敦煌故事，传播中国声音。

　　简牍学是专门研究出土简牍文献、帛书文献的一门跨考古学、历史学、古文献学和语言文字学的综合性学科。古人在没有纸和昂贵的帛的情况下选择将文献记录在简牍上，写在木板上的文献称为木牍，写在竹板上的文献即为竹简，统而言之称为简牍，研究简牍这类文献的学问就是简牍学。简牍学研究的内容：一是对出土简牍进行拼接、复原、释读、注释、语译等；二是利用简牍进行证史、补史、纠谬、辑佚和校勘古文献等；三是涉及简牍本身的发端、演变、制作材料及不同时代简牍的对比等内容。甘肃是简牍大省。自1907年以来，甘肃共有8万多枚简牍出土。其中又以汉简为最，总量达7万多枚，占全国所出汉简总数的82%。除了汉简，甘肃还出土了天水放马滩秦简、魏晋十六国简、唐宋吐蕃简。除了汉文，还有佉卢文、吐蕃藏文等。甘肃不仅是近代以来最早发现汉简的省份，而且也是出土汉简最多的省份。甘肃简牍既是我国中古时代的百科全书，也是古丝绸之路开拓兴盛的实物佐证。简牍文书与殷墟甲骨、敦煌文书、明清大内档案，被誉为20世纪中国考古学界的"四大发现"。作为当今人文学科领域的一门国际性显学，简牍学将文献学、历史学、古文字学、考古学、文学、哲学等诸多学科结合起来，成为21世纪中国早期文明取得创新与突破的关键所在。

（8）甘肃是"长城之省""中国长城露天博物馆"

据调查考证，甘肃境内历代长城总长度3774.3公里，居全国第二，涉及朝代有秦代、汉代、明代，其中明代长城总长度1738.3公里，居全国之首；秦、汉等时代长城总长度2036公里。分布区域遍及全省东西南北各地，如游龙走凤，气势磅礴，仅河西地区的城障烽燧遗迹就有600多座。秦始皇筑长城，西段起于临洮（今甘肃岷县）。敦煌西北的玉门关及其附近的长城塞垣为我国汉长城中遗存最完好、气势最雄伟的段落。明长城的西端嘉峪关，为万里长城全线中保存最完整、规模最宏大的关城，享有"天下第一雄关""边陲锁钥，长城主宰"的美誉。山丹境内汉、明长城相伴并存，古垒烽堠、驿站古道连绵不断，被誉为"中国长城露天博物馆"，说甘肃是"长城之省"毫不为过。习近平总书记在甘肃嘉峪关市视察时指出：长城凝聚了中华民族自强不息的奋斗精神和众志成城、坚韧不屈的爱国情怀，已经成为中华民族的代表性符号和中华文明的重要象征。中办国办印发《长城、大运河、长征国家文化公园建设方案》指出：长城国家文化公园，包括战国、秦、汉长城，北

甘肃出土汉简

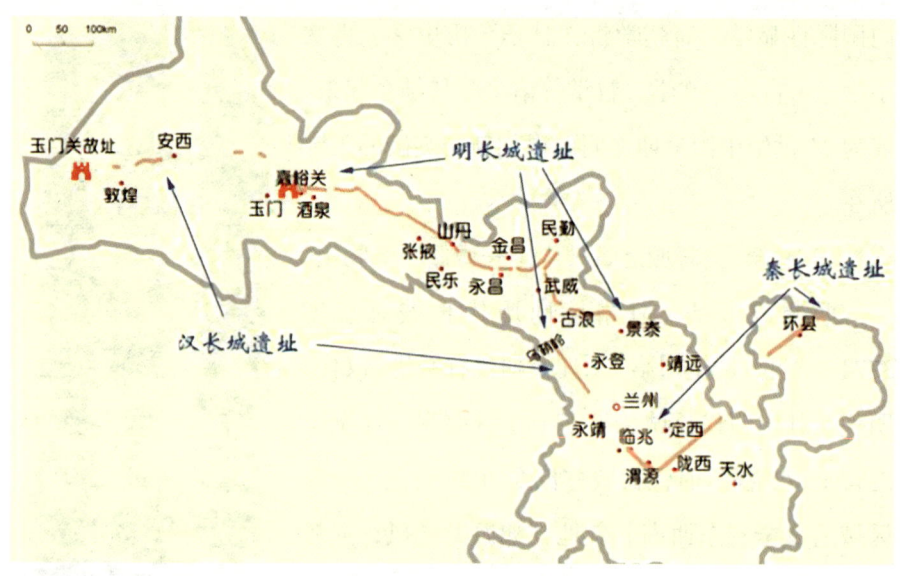

甘肃省长城分布示意图

魏、北齐、隋、唐、五代、宋、西夏、辽具备长城特征的防御体系，金界壕，明长城。涉及北京、天津、河北、山西、内蒙古、辽宁、吉林、黑龙江、山东、河南、陕西、甘肃、青海、宁夏、新疆15个省区市。甘肃是长城国家文化公园建设重要的省份之一，在建设长城国家文化公园中地位独特、意义重大，是国家文化战略实施的重要承担者，也是国家文化战略的使命领航者。

丝绸之路的萌芽与发展

丝绸作为这一贸易路线上最重要的商品，它的神秘自然会激发各种神话。奢华，精美，耐用，丝绸几乎成了它的原产国——古代中国的代名词。中国从四千多年前便开始生产丝绸，并长期独占这一技术。远在罗马帝国成立之前，丝绸就已在中国大量生产，并出口邻国。它的生产技术曾是高度机密。

——《大英博物馆世界简史》

一、丝绸之路的萌芽

1. 中国是丝绸的故乡

丝绸之路的诞生是与丝绸的生产紧密联系在一起的,丝绸之路的演变亦与丝绸生产地的变迁相系。中国是丝绸的故乡,也是最早植桑养蚕的国家。据古书记载,中国在古史传说时代就有了丝绸。《史记·黄帝本纪》中记载:"黄帝居轩辕之丘,而娶于西陵之女,是为嫘祖。"刘恕《通鉴外记》亦载:"西陵氏之女嫘祖,为黄帝元妃,治丝茧以供衣服,后世祀为先蚕。"又有《史记·黄帝内传》载:"黄帝斩蚩尤,蚕神献丝,称织维之功。"蚕神,一般认为是嫘祖。可见,丝绸制作在传说时代就已经存在。我国考古工作者在浙江吴兴钱山漾良渚文化遗址及河南荥阳青台村仰韶文化遗址中,均发现了家蚕丝的丝绸残片。这表明距今约五千年前,人们已逐步掌握了栽桑、养蚕和利用蚕丝的生产技术。据战国时代成书的我国最早的一部经济地理著作《禹贡》记载,兖州、青州、徐州、荆州、豫州、扬州等六个州都有养蚕和织造丝绸的生产活动。商代蚕桑丝绸业已经相当普遍。不仅商代甲骨文中有丰富的蚕桑丝绸生产资料,而且考古发现中亦有许多出土实物可供印证,考古工作者多次在墓葬中发现玉蚕和出土青铜器上有丝织品残片、蚕纹，同时商代甲骨文中已有明确的桑、蚕、丝、帛等文字。据甲骨文献记载商代时期贵族有专门生产丝绸的作坊，商人已经致力于丝绸贩运。新中国成立以来，考古出土了周代很多种类的丝织品，除了无花纹的绡、纺、缟、纨等之外，还出土了花纹丝织品绮和锦以及丝绵被、丝绳、丝带、刺绣等，一方面说明周代丝绸生产的规模扩大了、生产品种增多了，另一方面说明周代丝绸生产的技术也达到了一个高度。同时周代已有反映蚕桑丝绸生产的诗歌出现，《诗经》十五国风中的鄘、卫、郑、魏、唐、秦、曹、豳、邶、召南诸风以及大小两《雅》和《周颂》《鲁颂》都有讲到蚕桑或丝绸。说明种桑养蚕、线丝、织绸已成为当时人们极为熟悉的事情。西周时，设有专门管理手工业的"工官"，《蔡簋铭》："王命蔡司百工。"丝绸生产就是"百工"之一，即攻丝之工。在攻丝之工中从征集原料到织、染、练，按其各种工序分别设置"工官"管理。据《周礼》的记载，与丝绸生产有关的有：典妇工（掌管妇女的纺织生产）、典丝（掌管征集蚕丝）、染人（掌管染丝、染帛）、掌染草（掌管征集植物染料）。《诗经》中记载有"抱布贸丝"的情形就是有力的证据，周代甚至还出现了保护蚕桑丝绸生产的政规法令。由此可以判断，夏到战国时期，我国是当时世界上唯一的饲育家蚕、缫丝、织绸的国家，蚕桑丝绸业，在纺织生产中处领先地位。栽桑、育蚕、缫丝、织绸技术有了全面的发展，到了春秋战国时期，随着整个社会经济的发展，出现了蚕桑丝绸业中心，促成中国古代手工机器纺织前期蚕桑丝绸业的兴起。

从现有的考古成果来看，我国比较早的丝绸产区应该是黄河中下游、长江三角洲、蜀地、华南等地区，黄河中下游丝绸生产最早且成规模。秦汉时期，蚕桑丝绸生产主要分布于黄河中下游、四川省和长江中下游三大地区。主要是以临淄和襄邑为中心的山东、河南、河北的接壤地区，以及陕西长安等地；次则为渭水流域、山西中部和南部地区。生产的丝织品种

丝绸之路的萌芽与发展

魏晋壁画墓　采桑图

有锦、绮、罗、缣、帛、纱、素、绨、绫等。其中，黄河中上游、巴蜀地区丝绸生产规模最大。秦代设东织、西织机构是负责丝织生产的官营作坊，同时还设有"锦官""服官"两职。秦代官营丝织业的设置与前代相比分工更细，规模更大。汉朝上林苑有蚕馆，为皇后养蚕之地。每年养蚕前夕，宫中的后妃臣妾便在这里举行养蚕典礼，一次饲养量达"千薄（箔）以上"。汉朝还设有蚕官，是管理和指导全国蚕业生产的专职官。可见汉代统治者对发展蚕桑业的重视程度。到三国魏晋南北朝时期由于北方战乱不断，人口迁徙、技术南移、南方养蚕更加适宜，当时有名的丝绸产地南移到蜀地、长江地区等地。魏晋时期，河西地区已开始大量栽培桑树。据史料记载前凉时会稽王道子曾问割据河西的张天锡当地土产，张天锡应曰："桑甚甜甘，鸱鸮革响，乳酪养性，人无妒心。"近年来在嘉峪关、酒泉、张掖等地的魏晋壁画墓中，发现了大量与丝绸生产有关的壁画，其中有桑园图、护桑图、采桑图、绢帛图等，还有一些日常生活图中也能常见桑树。在采桑图中，甚至还有断发赤脚的民族妇女形象，说明丝绸生产的普及。隋唐时

采桑图　骆驼城墓群出土

期，西北社会稳定，中西贸易昌盛，西北特别是黄河中下游丝绸生产得以恢复。隋文帝定官制时设有太府寺，其下设司染署专管染织生产部门。隋炀帝时在太府寺设少府监，其下又设司织、司染等署，后又并司织、司染为织染署管理全国丝绸生产等工作。隋朝丝绸生产仍以北方及巴蜀地区为主。唐朝官营丝绸生产机构进一步增多，主要的有少府监下的织染署，"掌供冠冕组绶及织纴、色染"，下设25个作坊，织纴之作有10个、组绶之作有5个、细线之作有4个，练染之作有6个，丝绸生产的分工进一步细化，生产规模不断扩大。唐朝丝绸生产区域已扩大到相当的范围，不仅是传统的中原地区，而且连陇西、岭南、黔中等地也有蚕丝生产。唐朝前期的丝绸产区主要集中在黄河中下游的河南、河北道和四川盆地的山南、剑南道。唐后期丝绸生产重心逐渐南移，江南丝织业已逐渐成为全国丝绸的重要产区。学术界认为，公元6世纪以前中国是世界上唯一养蚕并织造丝绸的国家。到五代十国由于战乱，宋代时随着经济中心南移，植桑养蚕织丝生产活动亦随之南迁，有名的丝绸之都苏杭因城市生活的兴起、商业的迅速发展、南方海上丝绸之路的昌盛随之成为丝绸之重要的产地，到了清代由曹雪芹家族掌管的江宁织造，可见清代丝绸生产的一瞥。

2. 丝绸之路的萌芽

《庄子·天地篇》记载，黄帝轩辕曾"游乎赤水之北，登乎昆仑之丘而南望"；舜时，西王母来献昆山之玉。可见，在黄帝、舜时期就已经开启了西去东来的道路，大概就是丝绸之路的原型。据《逸周书·王会解第五十九》载："伊尹朝，献商书说：'正西，昆仑、狗国、鬼亲、枳巳、𬭁耳、贯胸、雕题、离卿、漆齿，请令以丹青、白旄、纰罽、江历、龙角、神龟为献。正北空同、大夏、莎车、姑他、旦略、豹胡、代翟、匈奴、楼烦、月氏、𤲝犂、其龙、东胡，请令以橐驼、白玉、野马、騊駼、駃騠、良弓为献。'"说明商汤时期已经开启与西域诸国的丝绸等贸易往来。据《穆天子传》记载，周穆王以各种丝绢、铜器、黄牛、贝币赠予西北氏族首领，而沿途又以马、牛、羊、白玉、兽皮相献。可见，在周穆王时丝绸之路上的贡赐贸易似乎已经存在。《竹书纪年》中也记载有周穆王西巡见西王母的故事："十七年王西征，至昆仑丘，见西王母。"中国春秋战国时期（公元前7—前3世纪），塔里木盆地的古代遗存中已普遍出现丝织品等。这说明，在春秋战国时期通往西域的丝绸之路已经畅通。20世纪以来，在苏联巴泽雷克地区、德国斯图加特市附近、中国新疆乌鲁木齐市附近都已发现约公元前5世纪前后（相当于春秋战国之交）的丝绣品，证实了通往欧洲的丝绸之路已初步开通，中西丝绸之路贸易很早就已存在。尤其是巴泽雷克（Pazyryk）墓的发现表明，至迟在公元前4世纪，塞人早就参与到中国与西方的贸易之中了。《后汉书·西羌传》云：秦昭王三十五年（公元前272年），秦打败义渠戎，"始置陇西、北地、上郡焉。"这为汉朝进一步开疆拓土，打通河西走廊，凿通西域，奠定了基础。

二、张骞凿通西域

公元前一百多年,中国就开始开辟通往西域的丝绸之路。汉代张骞于公元前138年和前119年两次出使西域,向西域传播了中华文化,也引进了葡萄、苜蓿、石榴、胡麻、芝麻等西域文明成果。西汉时期,中国的船队就到达了印度和斯里兰卡,用中国的丝绸换取了琉璃、珍珠等物品。

——习近平在巴黎联合国教科文组织总部发表的重要演讲

西汉建立之初,社会经济凋敝,人民生活艰难,军事实力弱小,到处是一片荒凉、残破的景象。加之北方草原上匈奴强盛,时有寇边侵扰之事,为了减少匈奴对汉王朝边疆及中原的掠夺侵犯,汉朝初年刘邦在治国策略上采取"黄老之术",在经济上采取了"休养生息"的政策,在对外方面与匈奴等少数民族采取了"和亲"政策,"约为兄弟"。经过汉朝初年与民休息,轻徭薄赋,约法省禁,到汉文帝、汉景帝时期出现了"文景之治"。经过汉初七十年的休养生息,西汉社会经济得到恢复和发展,到公元前140年汉武帝即位以后,西汉王朝达到空前繁荣的阶段,社会呈现出一片兴旺、发达的景象。据《汉书·食货志》记载:

至武帝之初七十年间，国家亡事，非遇水旱，则民人给家足，都鄙廪庾尽满，而府库余财。京师之钱累百巨万，贯朽而不可校。太仓之粟陈陈相因，充溢露积于外，腐败不可食。众庶街巷有马，阡陌之间成群。守闾阎者食粱肉；为吏者长子孙；居官者以为姓号。

随着国力强盛，汉武帝着手对盘踞于北方、屡扰边境的匈奴用兵，以图解决侵扰汉朝心腹之患。公元前138年，武帝获悉月氏为匈奴所追杀而西迁，决定通好大月氏，以便东西夹击匈奴，但是大月氏已经被匈奴从河西敦煌间的游牧地驱赶到了河中（阿姆河和锡尔河之间的地带）地区，此时河西地区已经变成匈奴的游牧之地。张骞应募出使，他与堂邑父（又名甘夫）一行百余人从长安出发，出陇西西行，路经匈奴游牧驻跸之地，被匈奴扣留，并逼迫张骞娶妻生子，一扣留就是十多年。期间，张骞逃脱，并带领他的部属一起逃往月氏，从匈奴驻地往西跑了数十天到达大宛。大宛国王听说汉朝物产丰富、物华天宝，想和汉朝交往。因此，见到张骞非常高兴。张骞请求大宛国王派人护送他们前往月氏，并许诺如果能达到月氏，回到汉朝一定给他们无数汉朝的财宝作为回馈。于是，大宛派遣了翻译和向导护送张骞前往月氏。这时，原来的大月氏王已被匈奴所杀，立了他的夫人为王。大月氏已经使大夏臣服并统治着大夏，那里土地肥沃，出产丰富，大月氏人民安居乐业，又因大月氏距离汉朝遥远，此时已无意向匈奴复仇，于是拒绝了张骞的请求。张骞又从月氏追到大夏，月氏王仍然不为所动，不愿与汉朝夹击匈奴。逗留一年多后，张骞只得返程。返回途中又被匈奴截获。公元前126年，匈奴单于死，匈奴国内混乱，张骞便带着他匈奴籍的妻子及部属堂邑父一起逃回汉朝。张骞出使之时一百多人，回来的时候就只有他自己和部属堂邑父二人。虽然游说月氏的任务没有完成，但却了解到大宛、大月氏、康居、大夏、安息等国的山川地理、风俗民情、各地物产和行走路线，间接了解汉朝与身毒（印度）之间的贸易往来，这都为张骞第二次出使铺平了道路，宣示了汉帝国的国威，也为汉帝国了解更远的民族、国家、地理等提供了第一手的资料。公元前123年张骞随大将军卫青出击匈奴并取胜，被封为博望侯。公元前121年张骞随李广出征匈奴失败，被降为平民。这一年骠骑将军霍去病大败匈奴于河西走廊，将其赶出了祁连山、焉支山游牧地。公元前119年汉朝又在阴山大败匈奴，匈奴远遁，"自金城以西至盐泽（今新疆罗布泊），匈奴绝迹"，从甘肃河西西行西域的道路畅通。与此同时，汉武帝先后在河西走廊设置了酒泉、张掖、

莫高窟第323窟 张骞出使西域 初唐

丝绸之路的萌芽与发展

武威、敦煌四郡,移民河西,兴修水利,屯田开荒,保障了西行道路的畅通。后又置阳关、玉门关两关,并从令居(今永登西北)起,经武威、民勤向西至额济纳旗,再向西至玉门关到盐泽,修筑长城。为保证丝绸之路畅通无阻,还在西域先设西域使者校尉,后又设"护鄯善以西使者"。

公元前119年,张骞第二次率领三百多人的外交使团,携带马六百多匹,一万多只牛羊,数千巨万的黄金钱财丝绸,和多名出使副使出长安,再次踏上河西漫漫路途,经天山南道到达乌孙驻地赤谷城(今伊塞克湖东南)。到达乌孙之后,张骞又派出随行副使出使大宛、康居、月氏、大夏。张骞

返回时乌孙派出译官为其引路，同行还有数十人的乌孙使团，乌孙向汉朝赠送了数十匹乌孙马（乌孙马，又称无极马，也称天马）作为答聘。从此，汉朝与西域各国间的联系日益增多，"使者相望于道，诸使外国一辈大者数百，少者百余人……汉率一岁中使多者十余，少者五六辈。远者八九岁，近者数岁而返。"汉朝不仅出使龟兹和其他塔里木盆地诸国，还派使远赴条支（塞琉古王朝）等国。张骞第二次出使西域，进一步沟通了汉朝与西域之间的往来。张骞的"凿空"之举，是中外交通史上前所未有的壮举，它不仅使中国对西域各国有了充分的了解，也做了丝绸之路开通所必需的线路勘察，自此以后古道遂成为通衢大道。公元前101年（汉武帝太初四年），汉武帝在轮台（今轮台县东南）和渠犁（今库尔勒市西南）设立了使者校尉，管理西域的屯田事务。这是西汉政府在西域第一次设置官吏，西域正式纳入中央政府管理，更进一步保障了丝路的畅通。

张骞凿通西域，开通了绵延两千多年的丝绸之路，促成了中西文化的千年交流，做出了不可磨灭的贡献，至今仍被传为中西交流史上的佳话。瑞典学者斯文·赫定在《丝绸之路》中说："载于汉朝史书上的这两次远征，使中国人接触到了西方文明，由此为物资、艺术和思想的交流开辟了新的道路，它对佛教传入中原王朝也是举足轻重的。"张骞是"最伟大的中亚地理探索者"。公元前105年，乌孙王昆莫主动派使者送良马千匹，与汉朝联姻。汉宣帝时，在乌垒（今新疆轮台东）设立西域都护府，乌孙以东以南的西域地区共50多个国家，处于汉朝势力范围之内："最凡国五十。自译长、城长、君、监、吏、大禄、百长、千长、都尉、且渠、当户、将、相至侯、王，皆佩汉印绶，凡三百七十六人。而康居、大月氏、安息、罽宾、乌弋之属，皆以绝远不在数中，其来贡献则相与报，不督录总领也。"丝绸之路上中西文化交流之盛可窥一端。中外学者将"古代张骞通西域"与"近代哥伦布航行到美洲"并称为影响人类历史进程的两大历史事件。

三、窦固、班超在西域的行动与"三绝三通"

西汉末年，王莽篡政。王莽采取了错误的民族政策，同西域各国联系中断，匈奴又逐渐控制了这一地区，丝绸之路由此断绝。东汉迁都洛阳，丝绸之路向东延伸至洛阳。东汉王朝建立后，西域的莎车、鄯善、焉耆、车师前王国等18国一再要求东汉派都护到西域。但因东汉初建，百废待兴，无暇顾及，丝绸之路交通三次阻断，后经窦固、班超等率军西征，和好友邦、讨伐敌对，又有三通，史称"三绝三通"。

具体来说，第一次断绝是王莽当政后，由于汉政府无力参与西域治理，西域绿洲城邦之国迫于匈奴侵扰的压力，先后叛服匈奴，使匈奴占据西域，从此中原与西域诸国的关系断绝。公元72年12月，东汉明帝为驱逐北匈奴在西域的势力，重新打通丝绸之路，令奉车都尉窦固、驸马都尉耿秉出屯凉州。公元73年2月，东汉王朝发兵大规模出击匈奴。令窦固率酒泉、敦煌、张掖甲卒及卢水羌胡1.2万骑兵出酒泉；耿秉率武威、陇西、天水募士及羌胡万骑出居延（今内蒙古额济纳旗东南）。为策应窦、耿二军，又令太仆祭肜率1.7万骑兵出朔方高阙（今内蒙古临河北）；骑都尉来苗率1.1万骑兵出平城（今山西大同东北）。窦固与匈奴呼衍王战于天山（今新疆哈密北之哈尔里克山），大破之。追至蒲类海（今新疆巴里坤湖），取伊吾卢地（今新疆哈密西北），西路汉军夺取了西域门户重地伊吾卢，在那里设宜禾都尉进行屯田，西域于阗等国都派质子到洛阳入侍。"西域自绝六十五载，乃复通焉。"公元74年，汉朝就在西域设置都护和戊己校尉，西域重又归属东汉王朝。其间，汉朝派遣假司马班超和从事郭恂等36人出使西域，先后安定了鄯善、于阗、龟兹、疏勒诸西域南道国，联合各国清除匈奴在西域的势力，恢复了东汉与西域各国的正常关系。此为东汉与西域"一绝一通"。

公元75年，汉明帝去世，匈奴联合龟兹、焉耆等国乘机攻杀汉西域都护陈睦，分兵包围戊校尉耿恭、己校尉关宠和在疏勒国的班超，班超、耿恭、关宠率部下英勇坚守，但因力单势薄，西域都护府被攻陷，杀害西域都护陈睦等将士两千余人，关宠牺牲。新继位的章帝派遣征西将军耿秉屯驻酒泉，以防北匈奴东扰。公元76年春，受命救援西域的酒泉太守段彭出兵车师，在交河城大败车师军队，并将戊校尉耿恭救回关内。章帝根据校书郎杨终的建议，决定不再派遣西域都护，遂停罢西域都护和屯田，同时诏令班超等撤回关内，从而使与西域的交通再次阻断。这就是第二次断绝。南道诸国怕匈奴人报复，苦苦挽留班超。班超和他率领的36位吏卒终于留驻西域，帮助西域诸国与北匈奴斗争，反击焉耆诸国，为再次打通西域、打通丝路准备。随后班超决定返回疏勒并坚守西域。公元80年，经班超请求，章帝任命班超为将兵长史，派徐干为假司马，率弛刑及义从千人到西域支援班超。不久，又派假司马和恭等人率领800士卒支援班超。班超制定了联合乌孙，攻破龟兹的策略。公元87年，班超打败归向匈奴的莎车军队，控制了西域南道。公元89年—91年，大将军窦宪率军连连进攻北匈奴，迫使其主力向西远徙，西域形势发生了有利于汉廷的变化。班超被任命为西域都护，徐干为长史，并重设戊己校尉。班超率兵驻龟兹，戊、己校尉领兵500驻于车师前部高昌壁，又设置戊部候驻于车师后部候城，三者成掎角之势，以控扼西域。西域50余国都纳贡内属。班超还派遣其下属甘英出使大秦（即罗马）。甘英不畏艰险，一直走到条支国的西海滨（今波斯湾），促进了汉朝与西亚各国的友谊。"于是远国蒙奇、兜勒皆来归服，遣使贡献。"东汉对西域的经营达到全盛。这就是东汉与西域的"二绝二通"。公元102年，班超因病老而返回洛阳。班超在西域前后共31年，促进了汉朝与西域诸国的往来和文化交流。

由于新任都护任尚对西域管理不善，引发西域诸国不满。公元105年，西域诸国乘东汉和帝死，发动反叛。公元107年，反叛诸国一再围攻都护任尚、段禧等，朝廷命班超的两个儿子屯骑将军班雄和军司马班勇一起，从敦煌出玉门关，迎接西域都护任尚及甲卒回朝。安帝"以其险远，难相应赴，诏罢都护。自此遂弃西域"。东汉退出西域以后，匈奴残部乘机控制西域，为害西部边境地区十余年，东西交通再一次中断。这就是第三次断绝。公元119年，敦煌太守曹宗派长史索班带领一千多人出屯伊吾（今新疆哈密西北）。车师前王和鄯善王依附索班。几个月之后，北匈奴与车师后部联合，打败索班，击车师前王，控制了西域北道。鄯善王向曹宗求救。曹宗请求朝廷出兵五千攻打北匈奴，一为索班报仇，二为复取西域。邓太后以班氏子弟通晓西域之事，诏召班勇到朝堂议事，班勇便向当时执政的邓太后建议恢复与西域的联系，以敦煌作为东汉对西域管理的后盾和前沿，在敦煌设置西域副校尉，同时由西域长史率500兵在楼兰（今新疆若羌县境内）屯驻，以北距匈奴，安定西域诸国。朝廷接受了班勇的主张，正式设置西域副校尉，治所设在敦煌，于是敦煌成为东汉王朝统辖西域的军政中心。为了从根本上改变东汉在西域的不利局面，公元123年（延光二年），敦煌太守张珰再次上书，陈述自己关于经营西域的建议。东汉政府听取建议后，任命班勇为西域长史，带领五百缓刑人员，屯田驻守柳中（今新疆鲁克沁）。公元124年1月，班勇一行到达楼兰。班勇率领部下勇士，团结鄯善、龟兹诸国，打击对抗的车师，击走匈奴伊蠡王于伊和谷。然后回到柳中屯田。第二年，班勇发敦煌、张掖、酒泉六千骑及鄯善、疏勒、车师前部兵，大败车师后部王，以车师后部王军及匈奴持节使者的头颅祭礼索班，并传首京师。公元127年（顺帝永建二年），班勇又率兵击降焉耆。"于是龟兹、疏勒、于阗、莎车等十七国皆来服从，而乌孙、葱领已西遂绝。"这是东汉与西域的"三绝三通"。

随着两汉时期丝绸之路的拓展，东西方的经济文化交流更加频繁。

东汉初年，姑臧（今武威）已成为一个繁荣的国际大都市。据《后汉书》卷三十一《孔奋传》的记载："时天下扰乱，唯河西独安，而姑臧称为富邑，通货羌胡，市日四合，每居县者，不盈数月辄致丰积。奋在职四年，财产无所增。"《后汉书·西域传》记载，丝路上来往的商队"驰命走驿，不绝于时月；商胡贩客，日款于塞下"，丝路古道呈"使者相望于道"的景况，"一辈大者数百，少者百余人"。一年之中"使多者十余，少者五六辈"，一批批使者和商旅络绎不绝地奔波在西去东来的通途上，一派繁忙景象。这时由中原输往西方的主要有丝织品、漆器、铜镜等，西方到内地的有葡萄、胡麻等许多农作物以及石榴等水果和良马、宝石等。两汉时期，敦煌以东的河西地区，是中亚商路的终点站，西方商人在这里与汉人贸易。这里最富饶的绿洲当数沙、肃、甘、凉四州。沙州即敦煌，位于最西边，是一片狭长地带，四周全是沙漠，为西域之门户，十分繁荣。肃州、甘州位于河西地区中心，也是汉西部的最重要的市场。凉州处于河西地区的最末端，胡商聚集，也是一个大市场。

德国学者勒尔·兹威克在他的《千年文明史》中说："汉朝是中国文化和经济大放异彩的时期。丝绸之路也发挥了重要作用，它是由众多道路和路线组成的一个交通网，横穿亚洲腹地，例如今乌兹别克斯坦首都塔什干以及印度北部、阿拉伯及北非等地区，以运输中国丝绸而得名。丝绸精致无双,散发奇异光泽,是中国除香料和瓷器以外最重要的贸易品。当蚕结茧时,其丝腺会分泌出一种细丝,在很长一段时间里,只有中国人知道如何从蚕茧中获得丝线。中国人死守制作丝绸的秘密,从而把丝绸销往世界各地。商队以马匹或骆驼载满货物,穿越丝绸之路。他们的旅程充满冒险,可持续几周或几个月之久。他们穿过高山、横跨沙漠,沙漠里的白昼炽热如火,夜间却寒冷刺骨。此外商人们还经常遭遇劫匪。为抵御劫匪,汉朝皇帝派出官兵沿路巡察。丝绸之路推动了各类货物的贸易,加快了东西方思想的交流。"①

---

① (德)勒尔·兹威克著,黎阳译:《千年文明史》,中信出版集团,2019年,第62页。

四、魏晋南北朝时期的丝绸之路

在人口迁移、货物流通、观点与发明的流传和宗教传播等方面,丝路的历史重要性不论怎么强调都不过分。佛教从印度向东北传入中国,以及伊斯兰教深入亚洲,这都是丝绸之路带来的。

直到 1887 年,德国地理学家斐迪南·冯·李希霍芬男爵才创造出了"丝绸之路"这一说法。之前从未有人这样称呼过它。但这名字一经使用,便很好地契合了丝路的浪漫、美丽与奢华。

——英国旅行作家兼小说家柯林·施伯龙

魏晋南北朝时期,中原狼烟四起,连年混战。但这一时期由于匈奴已经衰弱西迁,南匈奴已内迁,中原与西域、中国与中亚的交通贸易路线基本通畅。随着丝绸之路沿线各国、各地区生产力的发展,开展丝绸之路贸易的物质基础更加雄厚。控制丝路的各北方政权均面临着拓展生存空间的需求,因而特别注意维护丝路的交通,丝绸之路贸易发展受到高度重视,曹魏、西晋和五凉(除南凉、北魏政权),都相继在西域设郡建制,实行有效统治。西域各国也"无岁不朝贡,略如汉氏故事"。魏、西晋、前秦、五凉、北魏等割据政权先后采取了一系列促进丝绸之路贸易发展的政策措施,故这一时期丝路贸易虽然受到战争的影响,但未曾中断,而且得到了进一步发展。丝绸之路上的外交来往、商贸交易仍是一片繁忙景象,中国对外开放依然沿着陆海丝绸之路进行,随着西北、西南丝绸之路的扩展,中国对外交通渠道更加开阔了。瑞典考古学家斯文·赫定通过考古也认为:"公元220年,汉朝消亡,继之而起的是三国并立的时期。这一时期,中国处于分裂割据、衰落萧条之中,但丝绸贸易却未受什么影响。直到公元260—280年,楼兰这个中国城镇,仍是市面繁荣,生活富足。1900年3月28日,我有幸在干涸的罗布泊以北的方向发现了楼兰王国的遗址。楼兰是交通大动脉上的一座要塞,是驻兵的重镇,也是重要的交通枢纽。商队要到楼兰,必须要从中国文明圈最西端的前哨敦煌通过令人胆寒的漫长的荒漠地带,然后才能到达罗布泊。楼兰是塔里木盆地的第一块绿洲。"

丝路交流贸易至北魏时出现了一个高潮,特别在太武帝以后,北魏保持了长时期的政治和社会稳定,促进了丝绸之路的发展。宣武帝以后,北魏与丝绸之路沿线国家和地区交往交流贸易远及波斯、南亚和东罗马,有数据显示与北魏通交的西域国家和地区除今新疆地区各绿洲王国外,葱岭以外多达九十多个。从北魏立国之始至迁都洛阳止,西域诸国先后一百多次遣使到平城朝贡。地处丝绸之路要冲的高昌,来往人员的数量非常可观,除了从事东西贸易的商贾外,官方客使也为数不少。据吐鲁番出土文书,高昌为迎接官方的客使,建立一整套供奉客使的制度,并有专门的客馆接待客使[①]。迁都洛阳后,西域诸国及波斯、大秦等又先后遣使至洛阳,或同时或单独到达有119次之多。北魏时期的洛阳,成为外国商人云集之地,伊河与洛河之间设有款待各地使者和商人的"四馆",安置侨居的"四里",其中"馆"和"慕义里"即为西方来者所备。专开外贸市场"四通市",使"天

---

① 田卫疆:《丝绸之路吐鲁番研究》,新疆人民出版社,2009年,第80页。

下难得之货，咸悉在焉"。同时，东来传教与西行求法的佛教徒络绎不绝，奔波丝路从事商贸活动的商队相望于道，形成"相继而来，不间于岁"的兴盛局面。

东汉后期政府失去对河西的控制，河西诸郡遂出现了割据自保的局面。《三国志》卷一五《魏书·张既传》记载："是时，武威颜俊、张掖和鸾、酒泉黄华、西平麹七、麴演等并举郡反，自号将军，更相攻击。"公元213年（建安十八年）曹操为了扩大其势力以制天下，省并了司隶及凉、幽、并、交诸州，其中凉州并入雍州。但因"方事定蜀"，无暇远顾，只是遥领河西诸郡而已。曹魏据有河西后，随着社会秩序的好转，丝路贸易也逐渐恢复，但时断时续。公元219年（建安二十四年），张掖的和鸾杀了武威颜俊，和鸾不久又被武威王秘所杀，张掖遂为张进所据有。公元220年（魏文帝黄初元年），"初置凉州，以安定太守邹歧为刺史"，正式对河西进行统治和管理。同年春，焉耆、于阗等国遣使奉献。公元222年2月，鄯善、龟兹、于阗王各遣使奉献，魏文帝乃派使者安抚慰问。"是后西域遂通，置戊己校尉"。魏文帝时通过平定叛乱，加强防御，柔抚羌胡，招怀流民等经营手段使河西重新安定下来，对于畅通曹魏时期的丝路起到了重要的作用。到魏明帝时期政府主要任务是恢复和发展经济。其中凉州刺史徐邈和敦煌太守仓慈、皇甫隆成效最著。徐邈针对"河右少雨，常苦乏谷"的状况，"上修武威、酒泉盐池以收虏谷，又广开水田，募贫民佃之"，于是出现了"家家丰足，仓库盈溢"的繁荣景象。在此基础上，"乃支度州界军用之余，以市金帛犬马，通供中国之费"。敦煌太守仓慈在任期间，多所匡革，"抑挫权右，抚恤贫羸""随口割赋"，深得吏民爱戴。他还"去除烦役，但广劝辟田畴"，遂使"远方异产，悉入敦煌，邻国蕃戎不相征伐"。魏明帝初年"西域流通，荒戎入贡"。仓慈对丝路贸易发展起到了至关重要的作用。东汉后期以来敦煌作为丝路交通咽喉，西域事务均由敦煌太守兼领。后因丧乱隔绝，敦煌丝路贸易遂被当地"大姓"豪强所垄断控制。每当西域客商来到敦煌,"诸豪族多逆断绝；既与贸迁,欺诈侮易,多不得分明"。胡商"常怨望"。仓慈到任后,着力革除积弊,营造良好的丝路贸易环境,采取了一系列政策措施来保障丝路畅通和丝路贸易发展。如凡西域商人欲往洛阳者,由官府发给过所；在敦煌,则按官府制定的平价进行交易,有时还用官府现存实物与他们交换；从敦煌返回时,官府还派吏民护送,以保障客商的安全,得到了当地百姓和西域商人的拥戴,"由是民夷翕然称其德惠"。以致在仓慈死后,"胡汉悲悼",西域胡人也"悉共会聚于戊己校尉及长吏治下发哀,或有以刀画面,以明血诚,又为立祠,遥共祠之",甚至"千人负土,筑坟于此,家家烧瓦为膺(庙)"。据史书记载:"魏兴,西域虽不能尽至,其大国龟兹、于阗、康居、乌孙、疏勒、月氏、鄯善、车师之属,无岁不奉朝贡,略如汉氏故事。""从敦煌玉门关入西域,前有二道,今有三道。从玉门关西出,经婼羌转西,越葱领,经县度,入大月氏,为南道。从玉门关西出,发都护井,回三陇沙北头,经居卢仓,从沙西井转西北,过龙堆,到故楼兰,转西诣龟兹,至葱领,为中道。从玉门关西北出,经横坑,辟三陇沙及龙堆,出五船北,到车师界戊己校尉所治高昌,转西与中道合龟兹,为新道。"公元229年(太和三年),"大月氏王波调遣使奉献,以调为亲魏大月氏王。"

由于南北朝对峙,北魏主要利用经由河西走廊进入西域的西北丝路与西域诸国进行交通往来。自汉代以来由河西进入西域形成三条路线,即自敦煌出玉门关西行的鄯善道、楼兰道和伊吾路。

公元435年(太武帝太延元年),西域诸国入朝进贡,接着北魏遣使报聘,北魏再次开通了丝绸之路的往来。三月,西域的蠕蠕、焉耆、车师等派遣使者向北魏进贡。说明北魏与西域之间东来的丝路是畅通的,并未因南北朝对峙而中断。五月,北魏政府就派遣王恩生、许纲等出使西域,一同前往西域的北魏使者有二十多人。而此时,北方少数柔然强盛,将西域视为自己的领地，不想让北魏政府染指西域。王恩生等人在前往西域的旅途之中被柔然捕获，不准越境。太武帝切责柔然敕连可汗，敕连可汗放还王恩生等人，副使许纲返回途中在敦煌病逝。王恩生、许纲等人成为北魏打通丝路的第一批使团，虽然受到柔然阻止，依然为北魏再次开通与西域之间的丝绸之路奠定了良好的基础。公元455年（北魏文成帝太安元年），在直接的交往断绝了很长一段时间后，波斯与统一了中国北方的北魏王朝建立了直接的联系。《魏书》记载了波斯使团抵达北魏都城平城（今山西大同），为中国带来了玻璃制品工艺的史实。波斯的使者也顺着丝绸之路深入南朝。公元528年（梁武帝中大通二年），波斯国遣使献佛牙。公元533年（梁武帝中大通五年）八月，遣使献方物。公元535年（大同元年）四月又献方物。波斯之通使南朝，走的是西域，经敦煌，再经吐谷浑境，而南下益州（四川），再顺长江而下到建康（今南京）的道路。

晋初以来，由于中原动荡，凉州战事频繁，波及丝路交通，西域与中原阻隔达数十年之久。自张轨至张茂，对丝路贸易基本停滞，未见有重大举措，仅仅保有西域长史和戊己校尉的名号。随着前凉政权的逐渐强大，张轨（西晋凉州刺史）在河西恢复货币经济后，丝路市场大门进一步敞开。此后前凉在河西各主要商城都设"市长"主管商贸。河西诸城的经济地位也因此日渐上升。酒泉、敦煌都成为当时中西贸易往来中心城市。当时，酒泉市场上流通的货币种类除了自己已有的，还有一些国外货币也在市场上流通，如波斯银币、拜占庭金币等。当时的姑臧，尤其为西域商人所瞩目。西域商人以通贡为名，纷纷到凉州进行贸易。一时，西域所产汗血马、火浣布、封牛、孔雀、巨象及奇珍异宝大量进入河西走廊，珍珠箧、琉璃榼、白玉樽、紫玉笛、珊瑚鞭、玛瑙钟等也充入前凉王王府。紧接着西域形势发生变化，焉耆王龙熙袭灭龟兹，称霸西域，不愿臣服前凉。公元345年，张骏"使其将杨宣率众，越流沙，伐龟兹、鄯善，于是西域并降"。公元

346年，西域诸国朝见张骏。"鄯善王元孟献女，号曰'美人'，立宾遐观以处之。焉耆前部、于阗王并遣使贡方物"。随后，前凉在西域相继设置高昌郡、西域都护营和戊己校尉营，隶属沙州，对西域地方进行有效的管理。从此，西域成为前凉政权的管辖区域。张骏对西域的经营，不但扩大了前凉政权的影响，增强了自身实力，也有力地促进了丝绸之路的发展。

前秦苻坚占领河西后为尽快恢复河西经济，迁民实边，派人征发江汉及中原百姓迁徙河西。史书记载：苻坚建元之末，徙江汉之人万余户于敦煌，中州之人有田畴不辟者，亦彼七千余户，对河西的开发和生产的恢复起到了积极的作用。这一时期，凉州刺史梁熙，治凉十年，行清俭之政，使"河右安之"。建元十四年（公元378年），"梁熙遣使西域，称扬坚之威德，并以缯彩赐诸国王，于是朝献者十有余国。大宛献天马千里驹，皆汗血、五色、凤膺、麟身，及诸珍异五百余种。""鄯善王、车师前部王来朝，大宛献汗血马，肃慎献楛矢，天竺献火浣布，康居、于阗及海东诸国，凡六十有二王，皆遣使贡其方物"，联通了前秦与西域的丝路贸易，促进了文化交流。建元十八年（公元382年）秋，车师前部王弥窴和鄯善王休密驮入朝，"请乞依汉置都护故事"，并表示"若王师出关，请为乡导""以伐西域之不服者"。苻坚派吕光率军西征西域。建元十九年（公元383年）初，吕光兵出长安。六月吕光率大军进抵高昌，向流沙进军，直扑焉耆、龟兹。焉耆王泥流见大军逼境，率其傍国不战而降。八月，吕光在龟兹城西大败龟兹王帛纯以重金请来尉头、温宿等诸国联兵"合七十余万"联军，攻陷龟兹国都延城，帛纯出逃，于是"王侯降者三十余国"，取得了全面胜利。史载吕光"抚宁西域，维恩甚著，桀黠胡王昔所未宾者，不远万里都来归附"。苻坚闻吕光平定了西域，遂封其为使持节散骑常侍，都督玉门以西诸军事、安西将军、西域校尉。吕光西征及胜利，成为后凉政权立国的开端。公元385年春，吕光从龟兹出发，率军"以驼二万余头，致外国珍宝及奇伎异戏，殊禽怪兽千有余品，骏马万余匹"东归。公元389年（麟嘉元年），吕光改元麟嘉，在凉州建立后凉政权，称三河王号，置官司，大宴群臣，开启了后凉时代。公元420年（北凉玄始九年、宋永初元年、北魏泰常五年）七月，北凉沮渠蒙逊占领敦煌后，鄯善王比龙首先向北凉朝觐。接着，西域三十六国都向北凉称臣纳贡。至此，沮渠蒙逊终于统一河西走廊，实现了他"散马金山"的宏愿。北凉的疆域，从此东起黄河，西控西域，南达河湟，北到沙漠，"尝置沙州于酒泉，秦州于张掖，而凉州仍治姑臧，前凉旧壤几奄有之矣"。

十六国时期，河西地区商业也有一定程度的发展，前凉时期"整顿经济环境，恢复货币的重新流通"，是前凉在发展丝路贸易上的一个重大贡献。

东汉末年至魏晋南北朝，由于商业利益的驱使及粟特地区战乱等原因，粟特人沿陆上丝绸之路大批东行，经商贸易，其中许多人移居西域、河西甚至中原内地，一来便不复返。从十六国到北朝时期，胡人聚落在塔里木盆地、河西走廊、中原地区，不仅存在，而且散布十分广泛。粟特人东迁路线一般为从西域北道的据史德（今新疆巴楚东）、龟兹（库车）、焉耆、高昌（吐鲁番）、伊州（哈密），或是从南道的于阗（和田）、且末、石城镇（鄯善），进入河西走廊，经敦煌、酒泉、张掖、武威，再东南经原州（固原），入长安（西安）、洛阳，或东北向经灵州（灵武西南）、并州（太原）、云州（大同东）至幽州（北京）、营州（朝阳），或者从洛阳经卫州（汲县）、相州（安阳）、魏州（大名北）、邢州（邢台）、定州（定县）、幽州（北京）可以到营州。在这条道路上的各个主要城镇，几乎都留下了粟特人的足迹，有的甚至形成了聚落。北朝西魏、北周、东魏、北齐，为了控制这些胡人聚落，将他们信奉的祆教中专司祭祀的萨保纳入中国传统的官僚体制当中，设立萨保府，其中设有萨宝府祆正、祆教、祝、长史、果毅、率府、史等官吏，专授胡人，以控制胡人聚落，管理行政和宗教事务。从史籍和墓志辑录的材料来看，从北魏开始，雍州、凉州、甘州等地都有萨保的称号，以后都继承了这一制度。墓志材料新发现的史君墓主人是凉州萨保，还有中央政府派出的检校萨保府的官员，即虞弘。

丝绸之路的兴盛

传丝公主版画　出土于新疆

很久很久以前，有一位美丽的公主，住在出产丝绸的帝国。有一天，她的父皇要把她嫁给遥远的出产玉石的国家的国王。产玉的王国不能出产丝绸，因为皇帝将产丝法视为机密。公主决定把丝绸当作礼物送给自己的新子民，于是想出了一条妙计。她准备好所有的东西、蚕茧、桑树种，把它们都藏在自己的凤冠里。她知道自己出发的时候，皇帝的护卫不敢搜她的身。亲爱的，这就是于阗国得到丝绸的故事。

——《大英博物馆世界简史》

一、隋代丝路发展与万国博览会

由于隋朝初年隋文帝采取了休养生息的政策,到了隋炀帝时国家渐渐"库藏皆满""府库盈溢"。丝绸之路自敦煌出发直至西海,可以分为三条道路,而这三条通道"总凑敦煌,是其咽喉之地"。河西地区是丝绸之路的"咽喉"。隋代对河西地区进行了强有力的经营,举凡攻打突厥、吐谷浑和开展屯垦,在河陇地区发展官营畜牧业,对外籍商人给予优惠政策,在张掖开启互市等一系列重大活动,一方面有力地保障了丝绸之路畅通,另一方面极大地促进了丝路贸易的发展,河西地区经济发展迎来了一个黄金时期。

隋炀帝继位后,励精图治,亲征吐谷浑,在吐谷浑故地东起青海湖东岸,西至塔里木盆地,北起库鲁克塔格山脉,南至昆仑山脉,设置过正式行政区并实行郡县制度管理,使之归入中国版图。随着隋朝的统一强大,西域各国与隋政府发展经贸往来的愿望也愈来愈迫切。西域"商人密送诚款,引领翘首"。自发的民间贸易交往首先展开,"时西域诸蕃,多至张掖,与中国交市"。隋炀帝采取了许多鼓励和引导西域各国到隋朝贸易的措施。专派裴矩于肃州建立外贸中心,目光投向世界市场。公元605—618年(隋大业元年至九年间),隋政府特派礼部侍郎、地理学家裴矩招徕各地胡商,总管丝路贸易。裴矩来往于甘州、凉州（今甘肃武威）、沙州（今甘肃敦煌），大力招徕胡商。裴矩利用和胡商接触的便利条件，倾心结交西域各国官吏、商人等，注重了解西域各国的山川地势、风土人情、服饰物产等，尽力搜集西域各国山川险易、君长姓族、风土物产等资料，撰写了《西域图记》（今已散佚）一书，涉及四十四国，并附有详细地图，对西起今甘肃甘南，青海海南、河南境内黄河以北直到北海（今里海）以南两万多里的丝绸之路，都作了系统记述和介绍。书中指出："故知伊吾、高昌、鄯善并西域之门户也，总凑敦煌，是其咽喉之地。"可见当时甘肃敦煌在丝绸之路上的重要性。这与季羡林讲的观点不谋而合："世界上历史悠久、地域广阔、自成体系、影响深远的文化体系只有四个：中国、印度、希腊、伊斯兰，再没有第五个，而这四个文化体系汇流的地方只有一个，就是中国的敦煌和新疆地区，再没有第二个。"

公元609年（隋大业五年），隋炀帝西巡青海和河西，历时近十个月。这是中国古代历史上唯一亲巡河西的中原王朝帝王，在河西乃至整个中国历史上都具有非常重大的历史意义。隋炀帝西巡进一步通畅了中西交通，进一步促进了丝绸之路贸易文化的繁荣，在丝路贸易史上具有重要的意义。隋炀帝率大军从京都长安（今陕西西安）出发，到甘肃陇西、狄道，西上青海西平、长宁谷、星岭，横穿祁连山，经大斗拔谷（在今甘肃山丹县南）北上，到达河西走廊的张掖郡，御驾亲临张掖，登山丹焉支山，参禅天地，召见西域二十七国首领、使节和商人，举行"万国博览会"，其场景之盛大前所未有。史书描述："燕支山，高昌王、伊吾设等及西蕃胡二十七国，谒于道左。皆令佩金玉，被锦罽，焚香奏乐，歌舞喧噪。复令武威、张掖士女盛饰纵观，骑乘填咽，周亘数十里……帝见而大悦。"这就是历史上有名的隋炀帝在甘肃张掖举办的"万国博览会"。这次"万国博览会"的规模之大，规格之高，人数之多，耗资之巨，史无前例。为什么称"万国博览会"，原因是三年前也就是公元606年（大业二年），突厥启民可汗入朝，隋炀帝"欲以富乐夸之"，乃"括天下周、秦、梁、陈乐家子弟皆为乐户；其六品以下至庶人，有善音乐者，皆直太常"，集中全国的音乐人才，在洛阳精心准备了一场大规模的国际性的文化博览会。在洛阳"天津街盛陈百戏，自海内凡有奇伎，无不总萃。崇侈器玩，盛饰衣服，皆用珠翠金银，锦罽、烯绣，其营费巨亿万……金石鲍革之声，闻数十里外。弹弦撅管以上，一万八千人。大列炬火，光烛天地，百戏之盛，振古无比"。从此以后，隋朝将正月十五举办世界性的文化博览会作为定制："每岁正月，万国来朝，留之十五日，于端门外，建国门内，绵亘八里，列为戏场。百官起棚夹路，从昏达旦，以纵观之。"由此看来隋炀帝在张掖举办"万国文化商贸博览会"应该是由张掖承办的国家行为。"万国博览会"的举办彰显了隋代社会经济取得长足发展的情况，另一方面也可见隋代对中西文化交流交往与商贸进行的极端重视，也体现了河西在中西贸易中的重要地位。

公元615年（大业十一年），又有"突厥、新罗、鞑靼、毕大辞、诃咄、传越、乌那曷、波腊、吐火罗、俱虑建、忽论、靺鞨诃多、沛汗、龟兹、疏勒、于阗、安国、曹国、何国、穆国、毕、衣密、失范延、伽折、契丹等国并遣使来朝贡"。由此可见隋朝时丝绸之路贸易畅通，中西文化交流交往正常进行，这与隋政府的重视是密不可分的。隋炀帝经营西域，保护商路，优待商人，提供沿路食宿，在丝路要冲鄯善、且末、伊吾等地大量屯田，以保证沿线行人的供给。此后，中亚、西亚、南亚以至欧洲各国的商人"往来相继"，经西域和隋发生通商关系。罽宾（克什米尔）的玛瑙杯、史国（中亚阿姆河北）的狮子皮和火鼠毛等都输入了中国，其他如石国、康国、安国、曹国、何国、穆国、镠汗国、恇怛国、吐火罗（阿富汗）等也在隋炀帝当朝各以其特产和隋朝进行交易。中国与阿拉伯各国之间（时尚未建立阿拉伯帝国）的商业往来已开始，阿拉伯人至今称中国为"隋尼"或者"大秦"

隋炀帝在张掖举办"万国博览会"

（汉语中国音译），仍然沿用隋朝的名字。

　　隋朝时，由敦煌出发的丝绸之路有北、中、南三条大道，分别指向拜占庭、波斯和印度三大文明中心。其中从敦煌遥通拜占庭的北线，相当于裴矩的北道。这条路自玉门关出发，西北经星星峡到伊吾（今哈密西南）后，通过蒲类海（今巴里坤湖）南岸的巴里坤，沿博格多山北麓西行，经吉木萨尔、石河子到突厥可汗庭所在的弓月城（今伊宁县东北吐鲁番于孜乡有大金城、小金城故址），渡过北流的锡尔河，直奔里海北岸，渡过伏尔加河以后，又翻越高加索山脉，才能进入里海东南拜占庭领土的利奥托

克米斯军区,然后沿着阿拉斯河西进,经凯撒利亚通向马尔马拉海东岸的尼科米底亚(Nicomedia),最后到达拜占庭城。北线的东段,全在中国境内。从洛阳出发,可以有两种走法。一种是自洛阳向北出河套然后沿阴山西进,到达哈密后,取道天山北麓。一种是自洛阳西进,由陇西进入河西走廊,经敦煌到哈密,顺天山西进。自敦煌遥通拜占庭的中线,相当于裴矩的中道和南道的向西延伸段。中线的东段,在天山南路新疆境内,分成北道和南道。北道自敦煌出塞,直取高昌(今吐鲁番市),再转库尔勒、焉耆,沿塔里木河北缘西进,经库车、阿克苏,翻越勃达岭(别迭里山口),

再沿纳伦河至费尔干纳（钹汗）；或由疏勒翻越捷列克山口，渡葱岭到费尔干纳，从此进入中段。然后经乌腊提尤别（苏对沙那）、撒马尔罕（康国）、伊什特汗（曹国）、阿克塔什（何国）、卡尔干（克美尼赫附近，小安国）、布哈拉（安国）、马里（穆国）进入波斯，直抵波斯都城塞琉西（宿利）城。中段走的是伊朗北道。伊朗北道在底格里斯河以东的哈马丹（古称 Ecbatana）有两条支线通往小亚细亚，偏南的一线直通地中海滨的安提阿克，从这里再转入小亚细亚；偏北的一线通向爱米达，连接小亚细亚的干道。由此展开的中线的西段，全在拜占庭帝国境内。中线的东段，如果取新疆境内的南道，可自敦煌经鄯善（且末）、于阗（和阗）、朱俱波（叶城）到达塔什库尔干，翻越葱岭后转入中段。从这里西出瓦罕走廊（护密），经昆都士（吐火罗）南越兴都库什山，取道锡斯坦到达波斯湾。然后再通过巴尔米拉大道转入西段，经尼罗河三角洲的希拉波利（Heliopxilis），最后到达亚历山大里亚。这最后的一段，也都在拜占庭帝国的境内。但这条路在5世纪以后，由于陆路崎岖难走，加之萨珊波斯加强了对波斯湾海运的控制，对拜占庭帝国的对外贸易已经越来越不重要了。

二、大唐盛世与丝路兴盛

公元五百年至八百年是从中国通往地中海的丝绸之路的鼎盛时期。贸易路线连接着繁荣的中国唐朝与新兴的伊斯兰哈里发国家,这一国家在阿拉伯半岛迅速崛起,以惊人的速度征服了中东及北非。在丝路上流动的不只是货物与人群,思想也在沿途传播。佛教从印度传往中国,并进一步传入新成立的朝鲜半岛国家。

公元七百年左右的世界上,人口与商品都在大量流动。当时最繁忙的高速公路之一,如同今天一样,始于中国。这就是丝绸之路。这并非只是一条陆路,而是一个延绵四千英里,将太平洋与地中海连接起来的贸易网络。这条路上运输的货物都是奇珍异宝——黄金、宝石、香料、丝绸。伴随着货物传送的还有故事、思想、信仰,以及本文故事的关键——技术。

——《大英博物馆世界简史》

唐太宗李世民继位后,在经济上推行均田制,减轻徭役,兴修水利;在政治上减少严刑峻法,整饬吏治,善待各族人民;在思想上儒法并用,强调"以德治国",使唐初出现了和平安定、经济发展、政治清明的"贞观之治"。

公元619年（武德二年），秦王李世民率兵进军陇右，河西地区归属唐朝。此后为了恢复河西到西域的商业通道，唐太宗和唐高宗先后派兵打败了吐谷浑和西突厥，河西的国际贸易又日益繁荣起来。河西设凉州总管府，辖凉、甘、瓜、肃四州。唐代甘肃丝绸之路贯穿全境，河西地区是中原王朝对外经济交往的主要途径和对外开放的窗口，同时也是甘肃社会经济发展的重要支撑。公元633年（贞观七年），唐朝开始进军西域。公元640年（贞观十四年）八月唐灭高昌国。九月，在西州交河城（今新疆吐鲁番西交河故城）置安西都护府，管理西域地区军政事务。公元648年（贞观二十二年），唐军攻占龟兹国后，将安西都护府移至龟兹国都城（今新疆库车）。同时在龟兹、焉耆（今新疆焉耆西南）、于阗（今新疆和田西南）、疏勒（今新疆喀什）四城修筑城堡，设军镇，由安西都护兼统，史称"安西四镇"。公元657年（显庆二年），唐朝消灭西域最大的敌对势力西突厥，西域诸国纷纷归附。公元658年（显庆三年）九姓突厥10万人来犯河西，被薛仁贵击溃。武则天时期，又在天山以北设置北庭都护府，镇守天山南北，以巩固边防，保证丝绸之路畅通。同时随着"均田令"和"租庸调法"的推行，广开屯田，大兴灌溉，派重兵把守河西、西域，防守戍卫。唐高宗也曾仿效隋炀帝的做法，对西域商人进行优礼接待，在丝路沿线遍设驿站，供给客商食宿和牲畜草料。早在贞观初年玄奘西行途经河西时，就盛称甘肃"凉州为河西都会，襟带西蕃、葱右诸国，商旅往来，无有停绝"。当时凉州是河西最大的都会，并且与西域以及葱岭以西诸国有着密切的联系，商人们的往来络绎不绝。武则天时的崔融称当时"兴胡之旅，岁月相继"。敦煌文书《王梵志诗》中有云："兴生市郭儿，从头市内坐。例有百余千，火下三五个。行行皆有铺，铺里有杂货。"唐朝在沙州还设有胡汉交易的"市"和管理市场的"市令"。由于唐前期特别是开元时期边防稳固，河西各地秩序井然，为丝路贸易的繁荣创造了条件，因而中外商旅等往来络绎不绝。敦煌莫高窟壁画中就有许多西域胡商的形象,如第 45 窟观音普门品中有《商人遇盗图》。画中深目高鼻、虬髯卷发,头戴白毡帽,脚蹬乌皮靴的商人,正是奔波于丝绸之路上的西域胡商。据《资治通鉴》记载:"是时中国强盛,自安远门西尽唐境万二千里,闾阎相望,桑麻翳野,天下称富庶者无如陇右。"①唐代作为当时世界上最先进的国家之一,中国的手工业品畅销中亚、西亚、欧洲乃至非洲地区。

河西走廊是丝绸之路其必经之地。唐朝时,由长安至敦煌是东段,敦煌以西直至西域、中亚、欧洲则为西段。东段路线很多,其中最重要的路线有北路、中路和南路三条。北路从长安开始,沿着泾河西北行,经过咸阳、泾川等地到达平凉,再通过六盘山东麓到固原,再西行通过今甘肃景泰过黄河后抵达武威。再沿河西走廊的山丹、张掖、酒泉、嘉峪关、瓜州等地直达敦煌。中路从长安出发沿着渭河到达宝鸡东,越大震关,经过秦安、通渭、陇西、渭源、临洮,北达兰州,从河口渡黄河,经过永登,越乌鞘岭,经武威、张掖后直达敦煌。南路则从长安出发后沿着中路途径到达临洮后,再达临夏,在炳灵寺附近渡过黄河,再经青海民和、乐都、西宁等地,翻越祁连山,过扁都口后到达张掖,与北路汇合后直达敦煌。丝绸之路的西段路线也可分为三条。北路北出敦煌的玉门关,途经哈密,再行西北,从天山北麓西进,绕向西亚。中路北出敦煌的玉门关后,沿着天山南麓西行,经过库尔勒、库车、阿克苏等地到达喀什,翻越帕米尔高原后继续西行,最终到达中亚和西亚地区。南路南出敦煌的阳关,沿着昆仑山北路西进,沿途经过若羌、且末、民丰、和田到叶城,翻越葱岭即帕米尔高原,同样到达西亚和中亚地区。因仰慕中国先进文化和精湛的手工业品,同时也是为了满足他们对于物质财富的追求,外国商贾接踵而至。大唐帝国盛

---

①《资治通鉴》第 216 卷。

极一时，四夷闻威降服。这时往来频繁的丝绸贸易，不只是零散的商业往来，而成为中央政府直接经营管理的商贸活动。长安城内的东市和西市，堆积着胡商番客从四面八方带来的奇珍异宝。

这一时期，拂菻、大食（阿拉伯帝国）、波斯等国使者和商人，带来香料、玻璃等物品和马匹、狮子、犀牛、大象等动物，换回中国的丝绸、瓷器、竹器、茶叶等物品。公元650—655年（唐高宗永徽年间），保持相对的独立性、操伊朗语、信祆教（拜火教）的波斯同唐朝的交往仍未中断，唐立波斯都督卑路斯为波斯王。据《册府元龟》记载，自公元639—771年（唐太宗贞观十三年至唐代宗大历六年）的132年中（含萨珊朝时期），波斯来唐通好多达34次，平均4年一次，可见其频繁程度。所携方物主要是真珠、无孔真珠、琥珀、玛瑙床、香药、大毛绣舞筵、长毛绣舞筵、犀牛、大象、豹、狮子、活褥蛇等。唐朝多以各色丝绢、锦袍、钿带等回赠。萨珊朝灭亡后的来使，波斯人仍从事于东西方贸易大部分的航运工作。不仅都城长安商贾云集，经贸频繁，即便是武威、张掖、酒泉、敦煌诸丝路重镇，也是商旅如鲫，百货交汇；跨高山、过草原、涉沙漠的古道上，更是骏马飞驰，驼队接踵。唐朝诗人张籍《凉州词》中所云："无数铃声遥过碛，应驮白练到安西"，正是对丝路贸易盛况的生动描绘。

三、安史之乱后的丝绸之路

天宝年间发生安史之乱，甘肃驻军东调，吐蕃于公元756年（天宝十五年）乘机入据甘肃。自764年吐蕃占领凉州、敦煌至公元848年（大中二年）退出敦煌，直至公元861年（咸通二年）张议潮克复凉州，唐政府尽失河陇地区近百年之久，吐蕃势力在河西地区存在了97年，几乎整个甘肃都处在吐蕃的统治之下。这一时期，河西的汉人和少数民族曾被编成若干军、民部落，并纳入吐蕃王国的军政系统中。加上吐蕃崇佛，僧尼及寺院依附者在此时数量剧增，以致影响到河西地区的社会经济结构。此外，"河西异族狡杂，羌、龙、嗢末、退浑，数十万众"。当时人直截了当地指出："尝与戎降人言，自轮（翰）海已东，神乌、敦煌、张掖、酒泉，东至于金城、会宁，东南至于上邽、清水，凡五十六郡、六镇、十五军，皆唐人子孙，生为戎奴婢，田牧种作，或丛居城落之间，或散处野泽之中。"当地汉族人"衣戎服"而"牧羊驱马"者，非常普遍，丝绸之路河西走廊曾经发达的农业经济退回到了落后的牧业生产，经济遭到严重破坏，人口数量也大大减少。虽经张议潮归义军一度收复，但为时不久，甘肃又陷入吐蕃和党项族的占领之下，再加上旱、雹、霜、风沙、蝗、水、虫等灾，使整个甘肃"自经寇乱，百姓凋残，地阔人稀"。这就是中唐以后甘肃的历史人口状况。元和时期,甘肃大部分地区人口较之天宝年间减少2/3,甘肃衰落自此开始。吐蕃统治时期的河陇地区,汉人所从事的农业仍是河西地区的主要经济支柱,但是自从吐蕃军队进入河西伊始,当地的汉族百姓便失去了所有的政治保障,从而造成了当时社会的混乱和动荡,社会经济发展缓慢,与唐前期相比明显倒退。这时的丝绸之路因为河西走廊被吐蕃侵占而中断丝路贸易。

归义军时期,公元867年(咸通八年),张议潮入朝离任后,其侄张淮深为归义军留后,执掌归义军大权。张淮深一方面请求唐政府授予节度使实职,一方面继续发展归义军的势力。对东边,控制甘、凉及其以东诸州,以保持与长安的交往畅通无阻。对西边,则倾全力与东侵的西州回鹘争战。在归义军与安西回鹘的斗争中,唐朝一方面嘉奖声援张淮深,一方面派使节宣抚回鹘,对其采取绥靖政策,利用本身的影响以缓和其对归义军的压力,确保河西走廊一方安定,一时之间保证了河西走廊畅通。归义军时期产于西域的番锦、胡锦在敦煌文书中亦有记载,如P.4908《庚子年后某寺交割常住什物点检历》记载"又李都头施人圣小胡锦褥子壹"。P.3432载"阿难裙,杂锦绣及杂绢补方,并贴金花庄严,番锦缘,及锦绢沥水,长肆箭,阔两箭,贰"。S.4215《庚子年后某寺交割常住什物历》载"小胡锦褥子壹"。S.6276《什物点检历》载"番锦缘绿裙并……"都说明了归义军时期敦煌与西域之间的商业往来还是十分频繁。归义军时期敦煌市场上常见的珠宝有琉璃、珍珠、玛瑙、瑟瑟、珊瑚等物,大部分出产于西域、波斯。归义军政权与波斯或中原间的商业贸易和文化交流频繁,琉璃的原产地是波斯,是波斯销往唐代中国市场的主要商品,敦煌地区琉璃产品有比较广泛的使用,如P.2613记"琉璃屏子壹只",S.5899《丙寅年(906年)十二月十三日常住什物交割点检历》载"又琉璃瓶子壹"。敦煌文书中同时也记载归义军时期敦煌地区有不少西域进口的玛瑙商品。P.2613记"白玛瑙珠贰,无孔",而玛瑙出产自波斯。同时从敦煌文书、出土文献来看,归义军时期敦煌对外商业贸易外来商品种类丰富,既有中原的铁器、丝绸、珍珠、银器,亦有吐蕃的畜牧产品、药材,还有波斯、印度等地的香料、银器、药材等,此外,于阗出产的锦、毯及玉石等在敦煌市场上亦比较多见。但从敦煌文书来看,随着形势发展很快就中断了。有两件文书:一件是敦煌文书 P.4638。该卷抄存有两通书状:《八月十五日曹仁贵奉令公起居状》内有"谨因朝贡使往,奉状不宣"的词句,《曹仁贵献物状》中有"将陈献,用表轻怀,千渎鸿私,伏乞检纳"等语,后者为前者的礼单。两通书状的署衔皆作"权知归义军节度兵马留后、守沙州长史、银青光禄大夫、检校吏部尚书、兼御史大夫、上柱国曹仁贵"。两通书状上铸钤有官印,为正本官文书,故本应是由朝贡使团送交对方的,但最终却留在了敦煌。另一件是 P.2945《凉州书》中"前载得可汗旨教,始差朝贡专人",记载朝贡事件。这次朝贡大约发生于公元 921 年(后梁龙德元年),当年曹议金曾征得占据甘州的回鹘可汗同意而派出了使团,却因"不蒙仆射恩泽,中路被温未(末)剽劫",即被凉州一带的吐蕃残余势力温(嗢)末劫掠而失败。说明此时河西丝路尚不通达,丝路贸易实质上中断。

五代时期,社会极度混乱,甘肃也不例外。陇西以西地区被党项、吐蕃占领;陇西以东先后被梁、唐、晋、汉、前后蜀等国割据,兵争不息。"五代乱世,本无刑章,视人命如草芥,动以族诛为事。凡罪人之父兄妻妾子孙并女之出嫁者,无一得免。"

丝绸之路的衰落

佛教与伊斯兰教顺着遍及亚洲各地的商路兴起、传布。而丝绸、珍珠、香料、药品与玻璃等贵重物品，以及米、糖这样的寻常商品也沿着同样的路径而来。亚洲发明了商人知之甚详、通行于中东至中国之间的钱币与信用制度，更创造出充实着今日世界各地博物馆馆藏的艺术品。亚洲建筑的优雅与精细也让现代世界的旅人们为之惊艳。

——［美］斯图亚特·戈登
《极简亚洲千年史——当世界中心在亚洲（618—1521）》

一、西夏统治时期的丝绸之路

西夏是党项族在我国西北地区建立的政权。党项原是羌族的一支,故又称党项羌。隋唐时迁至今陕西省北部和甘肃省东部,其军事和经济力量日益增强,最终成为唐朝的一个藩镇。北宋推行"削藩"政策,严重影响了党项统治集团的利益,于是首领李继迁在辽朝的支持下与北宋分庭抗礼自立。为了增强国力,党项人奉行"西掠吐蕃健马,北收回鹘锐兵"的方针,征战近三十年,终于占有了整个河西走廊。1083年,党项首领李元昊称帝,

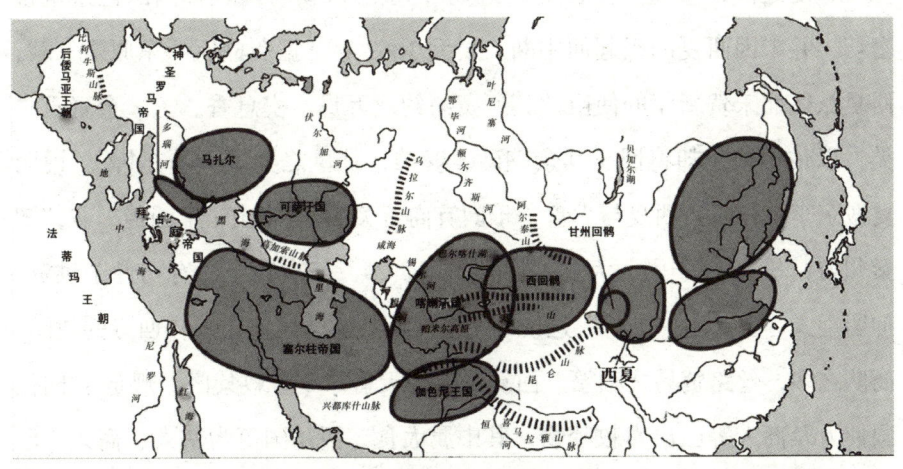

西夏时期丝绸之路形势示意图

西夏建国。其疆域大致包括今宁夏、内蒙古西部、陕西北部、甘肃西北、青海东北和新疆部分地区。其间先后与北宋和辽、南宋和金形成鼎足之势。西夏位于古丝绸之路主道河西走廊,曾与汉、契丹、回鹘、吐蕃、女真等民族的统治地域相连,同时也与西州回鹘、大食等国有贸易往来。西夏时期,陆上丝绸之路畅通,而且出现了一些新特点。在李元昊统治时期,西夏曾向宋朝进贡大食出产的镀金银花马鞍、镀金银花香炉。前往宋朝的西夏使臣,还经常携带波斯出产的安息香、阿富汗出产的青金石等中亚地区的商品,与宋朝贸易,发挥着宋朝与中亚贸易中介的作用。这也从另一个角度说明,西夏建国之初就已经与丝绸之路沿线国家有着密切的贸易联系。

  11世纪上半叶,西夏在占领了河西走廊以后,全面控制了中原通往西方世界的国际通道——丝绸之路,并与丝路沿线各民族、各政权间展开了广泛的政治、经济、文化交流。《宋会要辑稿·蕃夷》载,李元昊统治时期,西夏曾于1046年向宋朝贡"大石(即大食)样金渡黑银花鞍辔,金渡黑银花香炉",说明西夏与大食存在着直接或间接的贸易往来。《宋史·夏国传》记载:"西若天竺、于阗、回鹘、大食、高昌、龟兹、拂林等国,虽介辽、夏之间,筐篚亦至,屡勤馆人",说明宋朝与西域各国的往来也很密切,并未因西夏的兴起而中断。公元1062年,据龚鼎臣《东原录》载,西夏派往北宋贺新年的使臣,"其所贸易约八万贯。安息香、玉、金青石之类,以估价贱,却将回。其余硇砂、琥珀、甘草之类,虽贱亦售"。说明夏毅宗李谅祚时,西夏与大食、于阗有商贸关系。《宋史·于阗传》载,"知秦州游师雄言:'于阗、大食、拂林等国贡奉,般次踵至,有司惮于供资,抑留远方,限二年一进。'"这说明绍圣年间,丝绸之路上来自西方的使团、商队之多,丝路贸易之频繁。西夏法典《天盛律令·敕禁门》规定:"向他国使人及商人等已出卖敕禁物,其中属大食、西州国等为使人、商人,已出卖敕禁物,已过敌界,则按去敌界卖敕禁物法判断。已起行,他人捕举告者当减一等，未起行则当减二等，举告赏亦按已起行、未起行得举告赏法获得。大食、西州国等使人、商人，是客人给予罚罪，按不等已给价当还给。此外其余国使人、商人者，买物已转交，则与已过敌界同样判断。若按买卖法价格已言定，物现未转交者，当比未起行罪减一等。""大食、西州国等买卖者，骑驮载时死亡，及所卖物甚多，驮不足，说需守护用弓箭时，当告局分处，按前文所载法比较，当买多少，不归时此方所需粮食当允许卖，起行则所需粮食多少当取，不允超额运走。"从以上规定我们可以看出西夏仁宗在位时期，西夏与大食和西州保持着良好的关系，贸易交往密切。西夏也允许大食、西州等国使团和商队穿过夏境与多国进行商贸交往。这在一定程度上说明西夏辖区包括河西走廊的丝路交通畅通，而且贸易往来十分频繁。

由于西夏李氏几代国主都非常信奉佛教，西夏佛教昌盛，西夏一朝曾与宋、辽、金、印度及回鹘、吐蕃展开了广泛的佛教交流。西夏高僧曾沿西去求法的高僧之路不远万里，赴印度学习佛法，求取真经。印度高僧捺也阿难捺应邀东来西夏，不仅被封为国师，为西夏国主讲经说法，而且还积极从事佛经翻译。由于西夏地处古代丝绸之路的河西通道上，是中西陆路交通的必经之路，是中西两大文明的交汇点，又崇尚佛教，因而源自印度的佛教天文学由中亚和西藏两条路径传入西夏。

二、马可·波罗与元朝时的丝绸之路

1. 马可·波罗

1254年，马可·波罗（1254—1324）出生于意大利古老的商业城市威尼斯一个世代经商的家庭，他的父亲尼科洛和叔父马泰奥常到地中海东部地区进行商业活动。据说，1252年他的父亲和叔父曾从威尼斯起程开始他们的旅行经商，1260年因经商到过伊斯坦布尔康斯坦丁堡，后来又到中亚经过金帐汗国的领土布哈拉，并且在那里遇到了一个波斯使臣，和使臣一起到了中国，他们于1265年末或1266年初到达元廷。忽必烈对他们的到访感到很高兴。按照马可·波罗的说法，忽必烈"慈祥地微笑着"，并且"盛情款待他们，使他们极感快乐"。1269年，当马可·波罗15岁时，他的父亲和叔父才从遥远的东方回到威尼斯。回来以后，他们给马可·波罗讲述了他们在东方的种种见闻。这为马可·波罗长大以后游历古老的东方埋下了种子。

1271年，17岁的马可·波罗以意大利威尼斯商人的身份跟随他的父亲和叔父动身前往遥远的东方中国，踏上了漫漫旅程。这注定是一场不平凡的旅程。他们从威尼斯起程，渡过地中海，到达小亚细亚，然后经由亚

马可·波罗

美尼亚折向南行,再沿着底格里斯河谷到达今天伊拉克首都巴格达,再由此沿波斯湾南下,到当时小亚细亚商业贸易中心霍尔木兹,继而从霍尔木兹向北穿越荒无人烟的伊朗高原,折而向东。在到达阿富汗的东北端时,马可·波罗由于适应不了高原山地的生活,不幸病倒,只好停下来疗养。一年之后,马可·波罗恢复了健康,继续前进。他与父亲叔父一道,克服了种种艰难困苦,翻越了葱岭帕米尔高原后来到西域喀什,再沿着塔克拉玛干沙漠的西部边缘丝绸之路西域中道,抵达叶尔羌绿洲,继而向东到达于阗和且末,再经敦煌、酒泉、张掖、宁夏等地,于1275年到达当时元朝的上都(今内蒙古多伦)。马可·波罗一行历时三年半最后到达元大都(今北京),并在那里居住了十几年。据马可·波罗在游记中的记载,当21岁的他跟随父亲和叔父去觐见忽必烈大汗时,忽必烈非常高兴,在宫内设宴欢迎,并留他们在大都居住下来。由于马可·波罗聪明好学,掌握了蒙古语等语言,熟悉了朝廷礼仪,因而得到了忽必烈的赏识和器重,并授予他官职。元朝廷曾好几次安排他到国内各地和一些邻近国家进行巡游和访问。根据游记记载,马可·波罗在元朝任职期间曾从大都出发,经由河北到山西,自山西过黄河进入关中,然后从关中越过秦岭到四川成都,再由成都西行到建昌,渡金沙江到达云南的昆明。他还沿运河南下去过淮安、宝应、高邮、泰州、扬州、南京、苏州、杭州、福州、泉州等江南城市,曾在扬州担任官职3年。另外,马可·波罗还奉命访问过东南亚的一些国家,如印尼、菲律宾、缅甸、越南等国。后来,由于马可·波罗和他的父亲、叔父,多次请求元朝政府,直到1290年底,元朝政府准许护送阔阔真公主往伊儿汗国完婚后返乡。他们从泉州出航,由海路经印度抵达波斯湾,在那里父子三人由陆路返回威尼斯。

据说,当马可·波罗回家时,模样像个乞丐,穿着一件破旧的大衣,就在邻居们怀疑的目光中,他脱下外衣,拉出衬里,只见里面塞满了各种珍贵的宝石。于是,马可·波罗的大名迅速传扬开来。而他也开始把自己的见闻公之于世。1298年,马可·波罗44岁时参加了威尼斯与热那亚两座城市之间的战争,结果被对方俘虏关入大牢。马可·波罗在狱中向狱友们口述了他在东方的见闻,并由鲁思蒂谦执笔记录下来,这就是举世闻名的《马可·波罗游记》。该书以大量的篇幅、热情洋溢的语言,记述了中国无穷无尽的财富,巨大的商业城市,极好的交通设施,以及华丽的宫殿建筑等,一经问世便引起西方世界的轰动,使西方人了解到原来还有一个比富庶繁荣的东方世界,对探索东方产生了极大的兴趣,可以说直接开启了西方的航海时代,被称为"世界一大奇书"。著名的航海家哥伦布,就深受马可·波罗的影响。1482年8月3日,在西班牙王室的支持下,哥伦布开始航行时,随身携带的就包括西班牙国王致中国皇帝的书信,以及一本《马可·波罗游记》。如今,这本他做过眉批的书,还保存在西班牙的一座图书馆里。1324年,马可·波罗去世,葬在威尼斯的圣多雷教堂,时年70岁。作为世界历史上第一个将中国向欧洲人做出介绍的人,马可·波罗被誉为"中世纪的伟大旅行家"。

《马可·波罗游记》分四卷,第一卷记载了他们东行时的沿途见闻;第二卷记载了蒙古大汗忽必烈及其宫殿、都城、朝廷、政府、节庆和游猎等事,以及在杭州、福州、泉州等地的见闻;第三卷记载日本、越南、印度等地的见闻;第四卷记载了成吉思汗的后代之间的战争和在亚洲北部的见闻。全书共229章,涉及100多个国家和城市的山川地形、物产、气候、商业、居民、宗教信仰、风俗习惯等,是一部名副其实的世界地理志。

《马可·波罗游记》中记述了甘肃两个城市,肃州和甘州。书中说:"肃州境内有许多市镇和寨堡,首府也叫肃州,这里的居民大部分是偶像信徒,也有一些基督徒,他们都隶属大汗的统治。遍布这里整个山区生长着优质的大黄,商人们来到这里购买大黄,然后贩运到世界各地。客商雇佣当地的驮畜穿行在这里的山路上。而当地的牲畜能够辨别出这种植物的危险性,从而避免误食。肃州人以农作物和牛肉为食,不从事商业贸易。""甘州是唐兀地区的首府,城市富丽堂皇,管辖范围包含整个地区。这里的大多数人膜拜偶像,但是也有一些伊斯兰教信徒和基督徒。基督徒在城中修建了三座高大宏伟的教堂,偶像信徒也建造了许多宗教建筑、庙宇和寺观,就像在我们国家到处都建有很多修道院一样。在庙宇和寺观中供奉着大量千姿百态的神像,其中有些是木雕的,有些是石雕的,有些是泥塑的,神像都是精雕细琢,通身贴有一层闪闪发光的金箔。这些神像中,有些是特大型塑像,有些是小型摆设。那尊特大型的卧像足有十步长(有可能是今天张掖大佛寺卧佛),身后恭敬侍立着一些小型塑像,看起来像是他的弟子。这些神像无论大小,都受人们的顶礼膜拜。按照他们的道德观念,偶像信徒中的出家人的一生比其他阶层的人要慈悲圣洁,他们超尘脱俗,禁绝肉欲。他们所使用的历书,与我们的历法在许多方面颇为相似。按照这种历法的规定,每月有三四或五天不许杀生见血,也不能吃畜肉和禽肉,这和我们过礼拜五、安息日,以及各圣徒纪念日的守夜习惯一样。这里的普通人可以娶二三房妻室，有的可能更多，有的可能少些，这全凭他们持家的能力而定。因为他们得不到女方的任何嫁妆，相反却要将牲畜、奴仆和钱财分给自己的妻子。正房妻子在家庭中通常享有较高的地位，丈夫如果发现某个妻子对自己不忠，或者她得不到自己的欢心了，就可以将她休掉并赶出家门。他们还可以娶有血缘关系的亲属为妻。"马可·波罗同他的父亲和叔父因为商业上的缘故，在这座城市停留了大约一年时间。

2. 元朝陆上丝绸之路的情况

成吉思汗及其后裔将征服目标锁定西方，通过三次西征，建立了察合台、窝阔台、钦察、伊利四大汗国，从而拓宽了中西交通，使汉唐以来传统的丝绸之路，在元代更加畅通无阻。元朝统一后，驿站遍于全国，星罗棋布，脉络贯通，交通尤为便捷，南北物资交流畅通无阻，经商的人逐渐增多，"舍本农、趋商贾"的风气很盛。元代商业之盛不只表现于国内贸易领域，对外贸易也盛极一时，规模超过前代。其时对外贸易通过海、陆两路与亚非欧各国大规模开展。海外贸易是由政府直接控制的。管理海外贸易的机构，沿袭在灭南宋以前，陆道贸易是主要的。沿着古代丝绸之路，商队络绎不绝，通向中亚、西亚、黑海北岸。元时丝绸之路，从今甘肃敦煌沿天山南北路往西延伸，又增加了经里海以北抵达黑海北岸的钦察道，但波斯道依旧重要。钦察道是指经河西走廊，行敦煌、萨来而抵于 Grimee 半岛之塔那等港。波斯道是指经行河西走廊、敦煌、天山南路、大不里士而抵于威尼斯或抵于 Ayas。东亚货物由此两道通达欧洲，亦为有名之丝路。中国商人和亚非近百个国家或地区保持着密切的贸易关系，最远到达非洲东海岸的桑给巴尔岛。色目商人在元朝商品经济领域中极为活跃，其中以回族商人为最。回族善于理财，蒙古兵锋指向西域时，西域少数民族内附，蒙古统治者因而善待回族人，元朝回族人专擅天下水陆之利。

元朝建立以后，驿站制度更加完善，规模进一步扩大，正式开通了自大都（今北京）到钦察汗国政治中心的伏尔加河下游地区（拔都萨莱城、别儿哥萨莱城均在这里）的驿站。每站由五六十里至百十里不等，由专门的站户提供饮食和马匹、车辆等交通工具。这条驿道虽然经过钦察草原、蒙古草原等人烟稀少的辽阔区域，但都处于蒙古汗国辖境内，沿途有驿站相连，往来十分方便，而且安全有保障。自黑海东岸、克里木半岛至伏尔加河下游地区是当时东西方贸易的中转站，此处经黑海、地中海与欧洲、埃及、西亚各地的交通都十分方便。这就构成了除丝绸古道（河西—塔里木盆地—中亚—西亚）之外的又一条东西交通大动脉。这条干线由于可以使基督教世界避开被穆斯林控制的西亚地区，从而成为元朝时西欧、钦察汗国与中国交往的重要通道。从元朝的政治中心和林或大都至欧洲的三条道路均在前代的基础上有所发展。第一条是从和林向西，翻越阿尔泰山至今新疆天山以北的别失八里（今新疆吉木萨尔县北25里破城子）、阿里麻里（即阿里马城，今新疆霍城县西北克千山南麓），经亦列河、楚河流域，循阿姆河北行，再沿里海与黑海北岸西行，直抵多瑙河流域。这是商旅使臣从蒙古高原经天山以北经钦察汗国与西方联系的一条主要道路，即北道。阿尔泰山至天山以北的道路，早在唐代就由突厥及其以后的回鹘开拓，成吉思汗及其后裔西征时，开拓与整修了阿尔泰山至和林的通道。元朝建立以后，又恢复了别失八里经巴里坤（即巴尔库勒，今新疆巴里坤哈萨克自治县）至河西走廊的一段。这样从大都南下经保定（今河北保定市）、太原（今山西太原市）、绛州（今山西绛县）至奉元（今陕西西安市）、兴平（今陕西兴平市）后，北上经乾州（今陕西乾县）、邠州（今陕西彬县）、宁州（今甘肃宁县）、庆阳（今甘肃庆阳市西峰区）、环州（今甘肃环县）至宁夏（今宁夏银川市）萌井驿，过灵州而进入河西走廊的永昌路（今甘肃永昌县）；或从大都西经大同（今山西大同市）、东胜（今内蒙古托克托县西城关镇），经河套至宁夏,再向西到河西走廊的永昌路。通过这两条道路,联结了大都经河西走廊、西域至西亚、欧洲的通道。第二条是从河西走廊经天山以南的焉耆(今新疆焉耆回族自治县)、龟兹(今新疆库车县),越勃达岭(即拔达岭,又名凌山,今新疆乌什县西北别迭里山)进入热海伊塞克湖的道路,即中道,通过昭武九姓地区进入波斯,经两河流域抵达地中海东岸。第三条道路,就是南道,从沙州西行,经罗布淖尔向南沿昆仑山北,经罗卜(治今新疆若羌)、阇(今新疆且末)、斡端(今新疆和田)、鸭儿看(今新疆莎车)至可失哈儿(今新疆喀什),再越葱岭,由阿姆河、里海南到两河流域,直到地中海东岸。

1211年(西夏皇建二年)五月,黑鞑靼国起兵攻夏河西州郡。夏国主安全遣使请以臣礼,鞑靼方才退兵。1224年(嘉定十七年、西夏乾定二年),成吉思汗结束西征,班师东归,在返回过程中,发动了攻夺沙州的战争,由于沙州军民的拼死抵抗,久攻不下。成吉思汗从西域返回蒙古高原后,1226年(南宋宝庆二年),发动了对西夏的大规模进攻。除遣军假道畏吾儿再次攻取沙州,成吉思汗则亲率大军由北路攻入夏境。蒙古军进入河西后,连续攻破黑水城、肃州、甘州、西凉府等河西军事重镇,并于1227年(宝庆三年、夏宝义元年)三月,攻破沙州,接着又攻陷朔罗、合罗等地。至此,河西地区全部被蒙古攻占。在元代,由于行政区划的历史演变,今之甘肃地区分属甘肃、陕西两行省和宣政院所属的吐蕃等处宣慰司都元帅府管辖。元朝在甘肃设置的地方行政机构有路、直隶州、属州共14处,属于甘肃等处行中书省的管辖范围。元朝中期以后,肃州以西至哈密一带逐渐由幽王、肃王、西宁王、安定王等几个王位下拥有,《析津志》所载甘州以西舍站、忙不剌、肃州赤斤、瓜州、沙州等驿站,均演变为兀鲁思站。元朝统治者深知屯田为"养兵息民之要道""置屯田为守边之计",在"海内既一"的局势下,内而各卫,外而行省,皆立屯田,以资军饷,屯田遍及全国。河西走廊诸州自古以来就是边镇要地，是连结中原内地与西域的咽喉要道，河西走廊境内长行站道、纳怜道、两兀鲁思驿道并存，中西交通畅通，也是元朝通往西域诸国的咽喉要道。元朝政府为了加强与西北诸国的关系，特别是为了平定海都等人的叛乱，非常重视在甘肃地区设置屯田，因而甘（今甘肃张掖市甘州区）、肃（今甘肃酒泉市肃州区）、瓜（今甘肃瓜州县）、沙（今甘肃敦煌市）州等地"皆因古制以尽地利"，实行屯田。1228年（蒙古拖雷元年），察合台部将按竺迩元帅驻镇删丹州时，就从敦煌置驿抵玉门关，通西域。显然，此时从删丹通往察合台兀鲁思中心阿里麻的驿路已开通。至忽必烈时期，甘肃境内的驿站系统完善，使内地与西域联系紧密。同时元朝疆域空前辽阔，元朝政府在全国设置了数以千计的驿站和急递铺。在甘肃等处行中书省有"马站六处"。元代驿站与急递铺的设立，不仅使中西陆路交通畅通，便利了中央对地方、边疆的控制，而且也促进了甘肃与中原内地的经济交往。此外，甘肃地区土特产丰富，盛产褐缎、毡毯、野马革、药材、玉石器等，同时又需要中原内地与西方的众多物品，由于地域经济的差异，物资交流的需求与互补，使甘肃与内地及西方国家自然地结成互通有无的经济链条。

　　元朝丝绸之路贸易对丝绸之路史上规模空前的一次东西方物质、精神文明的大交流、大交往、大融合做出了重要贡献，通过欧亚广大地域范围内的民族大迁徙、大融合，形成了陆上丝绸之路历史上前所未有的东西方文化的广泛交流，在国际关系史中占有举足轻重的地位。在元代，中国的四大发明正是通过域外通商传播的。13世纪，中国的印刷术通过伊利汗国仿制元朝纸钞，开始传入欧洲。中国的茶叶，最早通过西夏和高昌回鹘进入西域，13世纪再次通过色目商人传入西亚和俄罗斯。棉花栽培、棉纺技术也是在元朝中外贸易的高潮中普及到中国南北方的。元朝丝绸之路古道的重新开通，恢复了东西方通过陆路进行的经济、政治、文化交流。中西陆路通商再度兴起，并且呈现出一派兴旺景象。元朝在丝绸之路贸易史上不仅起到了承上启下的作用，而且丝绸之路贸易在这一历史时期的相对繁荣，本身又在丝绸之路贸易史上有一定程度上的特殊性。

元朝反映丝绸之路和中西贸易的一些名著，如《马可·波罗游记》《大可汗国记》《通商指南》《卢布鲁克东行记》《柏朗嘉宾蒙古行记》《马黎诺里游记》《鄂多立克东游录》等都大量记载了丝绸之路上商队贸易的情况：在那遥远的丝路商道上从事商队贩运贸易的，既有来自拜占庭帝国的君士坦丁堡、波兰、奥地利、捷克、威尼斯、热那亚及早期汉萨同盟等地商人，又有由蒙古诸汗国及其后裔统治的西亚、中亚地区的商人等。他们多携带大量金银、珠宝、香料、药物、竹布、奇禽异兽等商品来中国或在丝路沿线售卖，然后购买中国的丝绸、缎匹、绣彩、金锦、茶叶、药材、瓷器等商品。因丝路沿线情况复杂，为防止盗劫发生，他们一般都必须组成数十人以上的商队结伴而行，且雇有翻译，并携带必要的食品、什物、料草等。来到元帝国的外国商人、商队之多，在《马可·波罗游记》中也有不少反映：元大都外城常有"无数商人"来往止息，"建有许多旅馆和招待骆驼商队的大客栈……旅客按不同的人，分别下榻在指定的彼此隔离的旅馆"。裴哥罗梯所著的《通商指南》中也记载："汗八里都城商务最盛。各国商贾辐凑于此，百货云集。"

三、明清丝绸之路衰落的原因探究

丝绸之路仅仅依靠中国，而完全不依靠西方。这不仅仅是由于中国发现和完成了这条通向西方的道路，而且这条路后来始终都依靠中央帝国对它的兴趣，取决于该国的善意或恶意，即取决于它的任性。疆域辽阔的中国是19世纪之前世界上最富饶和最发达的国家，丝毫不需要西方及其产品。因为在中国可以得到一切，它比西方可以做的事要容易得多。相反是西方人都需要中国并使用各种手段以讨好它。

——［法］阿里·马扎海里
《丝绸之路——中国—波斯文化交流史》

明清时期陆上丝绸之路因西北、西南和北部少数民族政权的存在和占据而不得不中断，同时也因经济重心、交通等方面的变化，陆上丝绸之路不断衰落并于最后而终止。直到19世纪末20世纪初随着西方探险家的到来，丝绸之路再次以别样风采出现在世人面前。中华人民共和国成立以来，随着欧亚大陆桥的联通，陆上丝绸之路得以开通。"一带一路"倡议的提出，使丝绸之路随着中华民族伟大复兴的步伐而走上复兴之路，并再次展现出蓬勃活力和生机，担负起了构建人类命运共同体的重大使命。明清丝绸之路衰落，最大的原因就是历史发展和自然生态演化结果。

1. 经济重心南移是陆上丝绸之路衰落的最大原因

中国中古时代持续几个世纪的经济重心南移是陆上丝绸之路衰落的根本原因，虽然在同一时代北方或者西北经济发展曾经出现过繁荣和兴盛，但这样的兴盛只出现在统一的汉唐时代。但从魏晋南北朝开始，北方、西北的大量人口南迁、技术转移、财富流转及南方自身的发展潜力崭露，经济重心不断向南，而几个动荡分裂时代如五代十国、宋辽夏金时期则更进一步加速经济重心的南移，到了南宋时期经济重心就完成由北向南的转移，形成国家根本仰给东南的格局，这一演变也可以通过看"胡焕庸线"演变而获知。其实这种演变要以更大视野的历史来看，应该说起源于西周之末东周之始的春秋战国时期。人们都看到了中国分裂动荡时期文化的繁荣兴盛，但似乎没有在意悄然开始的经济迁转，等一经完成，便不可挽回。大的统一王朝都城由西北平原地带，如西安迁往北方的平原地带，如洛阳、开封、北京，都在黄河以北，再由黄河以北迁往南方南京、杭州等，再从南方迁往北方，似乎表示经济重心在跟着都城跑，其实则不然。都城迁转只是表层现象，或者是政治中心变换而已，实质则是经济基础迁移。当然，也不排除其他原因的考虑。人口的变动是观察经济发展变动的重要指标，而人口变动主要看两个因素：一是人口的多少，二是人口素质的高低，古代如此，现在也是如此。古代随着北方战乱，人口一波又一波地迁往南方。随着人口的南迁，成熟的技术也一并输入到了南方，人口越多、技术越成熟，更多的南方优质的土地等资源被开发出来，气候的优势，让财富再次翻番，超越只是时间的问题。陆上丝绸之路的衰落与行走在丝绸之路上的商旅不断减少密切相关，随着商旅减少，丝路沿线的人口不是增加，而是一并随着减少，王朝巩固丝绸之路的办法之一就是移民屯田，就是这一事实的有利证据。

2. 民族迁徙是陆上丝绸之路衰落的一个重要动因

民族迁徙是陆上丝绸之路衰落的重要动因。中国古代北方，包括西北、东北，或者远东，从蒙古高原到中亚、西亚、两河流域、里海、黑海、地中海、欧洲大陆到处都是民族迁徙的地带，最早的斯基泰人、戎族、羌族、匈奴族、阿提亚人、贵霜人、闪族人、罗马人、波斯人、阿拉伯人、鲜卑人、吐谷浑人、突厥人、契丹人、党项人、蒙古族、鞑靼人等都出现在这一超长的游牧地带，你中有我、我中有你，来往迁徙在这一地带。草原丝绸之路就是典型的例子。

绿洲丝路也不例外，绿洲丝路从长安出发，更远从洛阳出发，但都必经河西走廊、新疆（古称西域）出葱岭过帕米尔高原，无论怎么走都是民族迁徙的地带或者游牧的地带。河西走廊是一条"民族走廊"，一头连着藏羌彝走廊，直通西南丝绸之路，另一头连着少数民族生活繁衍的西域。就在这条丝路的北方，北方民族不断南下，和这条丝路的南边，南方民族不断北上，都在不同程度上困扰或者破坏着这条丝路的畅通。而最为重要的是游牧民族生产方式相较农耕民族的落后，需求渴望的不强烈、经济思想的落后，直接导致了绿洲丝绸之路的衰落，商品经济在游牧生活中的地位不高，是丝绸之路贸易发展缓慢的直接原因。丝绸之路甘肃段的衰落与此有着莫大的联系。

3. 世界需求和丝绸产地转移是丝绸之路衰落的必然趋势

随着丝绸之路的发展，丝绸之路所涉及的国家和地区范围在不断扩大，市场在不断扩大；同时，随着时代的发展生产技术和生产力也在不断地进步，产品的需求不断扩大，丝绸之路上交易的物品品种和类别不断增加。这些扩大、增加导致了一个刚性的供给要求，需要原产地提供更多的商品、更多的类别、更好的品质，这样的情形使得中国内陆乃至亚洲内陆的丝绸之路逐渐丧失了优势。中国南方或者东南沿海环境优越、生产能力、技术水平、人口密度、交通条件和由此导致丝路贸易的新商贸需求和交易方式，逐渐占据了明显的优势，大量的丝绸被生产出来，对光鲜艳丽的瓷器喜爱和被神奇树叶的吸引，以及西方不断扩大的需求，成为陆上丝绸之路转衰的极其重要的原因。由于民族的迁徙、内战的迭起、气候的演化、人口的稀少、生产反复遭破坏，陆上丝路沿线的生产生活条件不断恶化，再也无法承担起丝绸之路发展的需要。最明显的例子是中古以来少数民族占据丝绸之路后让比较先进的农耕文明退回到了比较落后的游牧生活，游牧生活无法提供更加丰富的交易需求，即使先进的生产方式战胜了比较落后的生产方式，比如许多少数民族占据丝绸之路以及被先进所征服后选择的汉化之路，虽然似乎看起来前进了，但对于丝绸之路而言，发展的时间和空间都迟滞了，而这种长时期的迟滞进一步推后了丝绸之路的发展。这样看来，陆上丝绸之路和丝路之路三千里的甘肃段的发展衰落不是今天的耽误，而是历史发展机遇的丧失导致的结果。

4. 运输由陆转海、陆衰海盛是另一个不容忽视的原因

海洋运输相较陆上运输在古代有着非常明显的优势，那就是海洋运输的运量大、距离远、成本低、风险小、时间短，比较陆上运输的规模小、成本高、运输距离短、风险大、时间长，首当其冲要选海运。据文献记载，明代郑和下西洋所驶的郑和宝船长超过了100米，排水量超过万吨，是当时世界上最大的木制帆船，与现代小型的舰艇一般，一艘船就有这样的大运量，那么多艘船组成船队运量就可想而知了。关键是只要掌握了洋流和季风，又有了指南针对航向的校正，船就可以自由地在海上航行，大型船

队带起的货物数量是惊人的，今天南海沉船打捞上来的物品就是一个很好的例证。那么陆上运输还有什么优势可言？在加上经济中心的南方生产完全可以满足海上丝绸之路贸易需求，谁还愿意花大价钱取得很微薄的利润呢？海上丝路贸易究竟有多大威力，试举一例，那就是鸦片战争发生之前中国的丝绸、茶叶、瓷器源源不断运往英帝国，英帝国的白银黄金不断运往东方，中国始终处在贸易顺差。因此，英国力图利用自己毛纺织优势改变格局，但这可能是英帝国想不到的结果，中国自然经济的顽固性无法撼动。英帝国用坚船利炮打开中国大门，把中国纳入世界资本主义市场，从此东方的天平开始转向西方。现今，现代化的交通工具改变了陆路贸易的规模、模式、受众、时间，因此在今天复兴陆上丝绸之路意义重大，它将再次联通世界，惠及世界人民。

近现代以来丝绸之路再发现

我们现在看到的是这条丝绸之路最萧条的场景：见不到一点生机，商业已是奄奄一息，一路上的村镇，除了废墟，还是废墟。在一贫如洗和朝不保夕的惨境中，人口越来越少。只有通过想象，我们才能看到过去那一幅幅丰富多彩、辉煌繁盛的画面，那川流不息的商队和旅行者为每抵达一个新的绿洲而雀跃欢腾的景象。

——瑞典考古学家斯文·赫定《丝绸之路》

一、西方探险家揭开丝绸之路的面纱

从1840年鸦片战争开始，古老的中国遭到了西方列强近百年的侵略，灾难深重，逐渐沦为半殖民地半封建社会，从而开启了中华民族百年屈辱史、百年抗争史、百年奋斗史。西方列强的侵略也伴随着文化掠夺，丝绸之路的面纱被揭开是西方探险家、西方掠夺者的"功劳"。19世纪末20世纪初，西方探险家沿着古老的丝绸之路纷至沓来，他们有瑞典的考古学家斯文·赫定、英国的探险家斯坦因、法国的考古学家与东方学家伯希和、俄国的科兹洛夫与鄂登堡、日本探险家橘瑞超、美国总统的弟弟华尔纳等，他们近乎疯狂地盗掘丝绸之路上的文物，特别是对敦煌文书等进行大量的掠夺。此后，他们在自己的著作、或者回忆录中写到他们在中国特别是在丝绸之路沿线探险考古劫掠时对丝绸之路的认识。

斯文·赫定于1899年至1902年的中亚考察，发现了楼兰古国。据他的回忆录中记录："从书简和物件本身看来，楼兰官府拥有自己的仓库，当地还有一间客栈、一家医院、一栋主管邮递事务的建筑、一间寺庙、私人住宅，以及穷人住的草棚；和罗布地区的现代芦苇草棚一样，这些不经久的古代草棚必然早已化为烟尘。遗物中不乏进口品，特别是当地人民使用的中国丝绸，更证明楼兰的人口众多。"楼兰古城的发现，为研究处在丝绸之路交通线上的绿洲城邦之国楼兰所在的社会、古代东西方的交通和文化交流提供了重要线索，也为通过楼兰的兴衰史了解到塔克拉玛干大沙漠及罗布泊的演变找到路径。楼兰遗址的发现，是赫定探险活动中最具历史意义的一件事。自此，这里成为世界汉学家们注目的地方，外国探险家纷至沓来，如斯坦因、橘瑞超等，楼兰文物从此大量流失。"

斯文·赫定在他的著作《丝绸之路》中说："从秦始皇开始修筑的长城，由汉武帝继续向西延伸，并筑有烽火台，以保护这条道路和来往的贸易。中国内地沿这条皇家驿道出口的商品中，无论在数量或地位上，都没有哪一样能与华美的丝绸相媲美。距今两千年前，中国丝绸是世界贸易中最受崇尚、最受欢迎的商品。""公元220年，汉朝消亡，继之而起的是三国并立的时期。这一时期，中国处于分裂割据、衰落萧条之中，但丝绸贸易却未受什么影响。从太平洋沿岸到地中海这条漫长的商路上，依然在继续进行着。直到公元260—280年，楼兰这个中国城镇，仍是市面繁荣，生活富足。1900年3月28日，我有幸在干涸的罗布泊以北的方向发现了楼兰王国的遗址。楼兰是交通大动脉上的一座要塞，是驻兵的重镇，也是重要的交通枢纽。商队要到楼兰，必须要从中国文明圈最西端的前哨——敦煌通过令人胆寒的漫长的荒漠地带，然后才能到达罗布泊。楼兰是塔里木盆地的第一块绿洲。""中国人把陕西经甘肃乃至长城西端门户嘉峪关的这条伟大的商路，称为皇家驿道。由此继续西行至喀什的这段路仍称为'天山南路'，新疆天山以南的地区也沿用这一名称。""丝绸之路全程，从西安经安西、喀什噶尔、撒马尔罕和塞流西亚，直至推罗，直线距离是6437公里，如果加上沿途绕弯的地方，总共约有9656公里，相当于赤道的四分之一。""这条交通干线是穿越整个旧世界的最长的路。从文化—历史的观点看，这是连结地球上存在过的各民族和各大陆的最重要的纽带。距今3000至2000年前，在西安、洛阳和其他一些大地方的重要贸易中心，中国商人永远不会知道，那些由他们的商队往西运送的无数大捆丝绸，到何处才是其旅程的终结。对他们来说，重要的是从第一个转手人那里拿到货款。吐火罗人、大夏人、安息人、米提亚人和叙利亚人再将这些贵重的货物送往更远的地方，但只有推罗和地中海其他港口的腓尼基水手才知道罗马是其主要市场。""这样一条世界上最长的公路交通动脉，当不会仅仅是为了游乐而建筑的。它应该起到比这更伟大的作用不仅会有助于中华帝国内部的贸易往来，还能在东西方之间开辟一条新的交通线。它将连结的是太平洋和大西洋这两个大洋、亚洲和欧洲这两块大陆、黄种人和白种人这两大种族、中国文化和西方文化这两大文明。在这因怀疑和妒忌而使各国分离的时代，任何一种预期可以使不同民族接近并团结起来的事物，都应得到欢迎和理解。"

斯坦因在1900—1901年、1906—1908年、1913—1915年、1930年先后4次到中国新疆及河西地区进行探险，其中1930年第四次探险因中国学术界的抵制和反对而夭折。斯坦因在他的考古报告《西域考古图记》中写过他到楼兰遗址进行了盗掘，从盗掘的楼兰出土的纪年汉文文书（263—270）来看，他认为公元前1世纪，即西汉后半期是中国商业与军事西进楼兰的全盛时期。沙漠古道和它西端的交通站在那时（古楼兰国时），正处于繁忙的交通全盛期。他还通过在楼兰遗址发现的丝绸判断："这些丝织物无疑是从中国内地输入的。这些丝绸就发现于中国人首次开通的交通道的沿线。通过这条重要的交通道，中国人直接与中亚交往并同遥远的西方进行贸易，时间长达数个世纪。可以说，丝绸在中国向西发展的过程中起到过至为重要的作用。"

古楼兰是古丝绸之路上西出阳关的第一站。关于古楼兰国的记载，最早始于张骞。公元前126年，张骞出使西域，回到长安后撰写的出使报告中提到楼兰是一个有"城郭"之国的城邦文明。司马迁《史记》中亦记载楼兰"有城郭，临盐泽"。曾经在这条交通线上是"使者相望于道"的繁荣景象。西汉末年,西域交通断绝,楼兰也随之衰落,"城门昼闭"。到曹魏时期,楼兰又重新开始繁荣起来。《后汉书·西域传》载:"驰命走驿,不绝于时月;胡商贩客,日款塞下。"奇怪的是,楼兰王国在繁荣兴盛了五六百年以后,在公元4世纪之后突然销声匿迹了。公元399年,东晋高僧法显往西方求法途经楼兰时,已是"上无飞鸟、下无走兽,遍望极目,欲求度处则莫知所拟,唯以死人枯骨为标识耳"。公元7世纪,唐玄奘西去求法时楼兰国"城郭岿然,人烟断绝",楼兰已经成了一座空城,直至今日。

斯坦因在敦煌附近考察长城时看到"长城大部分保存完好,只是烽火台上没有岗哨,沿城墙考察了200多英里。由于地处戈壁腹地,没有遭受损毁"。他在敦煌考察千佛洞,"我们到达时,并没有人来接待我们,也没有人能给我们指路。洞的数量之多,排列如此紧密,有的高,有的低,各层之间的洞与洞排列毫无次序。在许多洞前有类似走廊的通道,墙壁是用光滑的石头砌成,天花板上有褪色的壁画。在悬崖上,各洞之间有粗糙的梯子及木制的走道可以相通。这些梯子和走道似乎都已经破碎了,显而易见,最高一层的洞几乎无法接近。"千佛洞是在"沙质崖壁上凿有成百上千个石窟,饰有大量的壁画和灰泥雕塑,仍值得今天的人们去欣赏"。当他看到藏经洞时,"看着这些超乎预料的发现,我欣喜若狂。""我也没有时间对这些精美雅致的图画进行进一步研究。""我渴望将它们全部运走,因为即便是在一些碎片当中也有美丽的图画,每一小片丝绸都有着较高的收藏和美学价值。"后来,他回忆道:"1907年春天,我有幸接触到大量的古代手稿和艺术遗迹,这些东西在一个用石头封闭起来的小石窟寺内藏匿了900年左右,且保存得完好无损。我收集了24箱从这种奇异的藏匿处拯救出来的珍贵手稿和满满5箱子刺绣以及类似的佛教艺术品,一位资深评论家将我的经历说成是考古史上富有戏剧性且硕果累累的偶然事件。根据大量保存完整的原画和部分修复较好的临摹本,人们得以欣赏其艺术价值和了解希腊风格的佛教艺术对远东地区的重大影响，甚至可以说，它为东方艺术史揭开了新的一页。"

法国探险家、东方学家伯希和于1906年至1909年间对新疆、甘肃进行了考察。伯希和通过考察研究，和对从甘肃西部到哈密的大海道这条路上的汉文和维吾尔文地名作了比定。伯希和指出，从甘肃西部到哈密的丝绸之路有四条路可走：一从安西到哈密；二从敦煌出发，经石板墩、马莲泉、柳树筐子、红柳井子到达苦水，再经哈剌泊而到达哈密；三从敦煌以北的伊尔呼本克井出发，经艾什莫克井、嘎顺、格子烟墩，然后也从哈剌泊到哈密；四从敦煌出发，经库鲁克塔格山和阿尔金山以北，经伯罗春子、嘎斯布拉克和脱利而到达哈密。伯希和一行于1908年2月12日从新疆到达沙州绿洲，于2月14日到达敦煌县城。当时的沙州绿洲面积只有25平方公里，人口3万（沙州城内3000人~4000人），分散在85个村庄。他的同事努埃特利用这几天的时间，对千佛洞的182座石窟（有的带有几个耳室）作了编号，克服重重困难，拍摄了数百幅洞内壁画的照片。瓦杨绘制了一幅石窟平面草图。2月24日，伯希和首次考察千佛洞，当时他看到的敦煌莫高窟的"共有500多个洞子"。其石窟外貌、洞内壁画、彩塑、画像和供养人的名字，仍保持着6—10世纪的原样。题记绝大部分都是汉文的，西夏文题识有20余方，而八思巴文题识只有10方左右。此外还有藏文、回鹘文和婆罗谜文的题识。特别是伯希和用金钱诱惑哄骗王圆箓道士打开了藏经洞。他描述看到藏经洞的情形："我简直被惊呆了。自从人们从这一藏经洞中淘金的8年来，我曾认为该洞中的藏经已大大减少。当我置身于一个在各个方向都只有约2.5米、三侧均布满了一人多高、两层和有时是三层厚的卷子当中时，您可以想象我的惊讶。数量庞大的一批用绳子紧扎在两块小木板之间的藏文写经堆积在一个角落里。在其他地方，汉文和藏文字也从扎捆的一端露了出来。我解开了几捆。写本大多是残卷，或首尾残缺，或中间腰断，有

莫高窟藏经洞

时仅剩下一个标题了,但我解读出的几个时间却都早于11世纪。从这种初步探测开始,我便遇到了一部婆罗谜文的贝叶经装式经文和另一部回鹘文经文的几页文字。"伯希和的到访,对敦煌来说是一场劫难。伯希和立即作出了决定,将藏经洞中1.5万至2万卷写本全部浏览一遍。他在摇曳的烛光下,利用3个星期的时间来完成这项工作。前10天,他每天拆开1000捆卷子,即每小时100捆。伯氏戏称这是"汽车的速度"。他从过手的全部1.5万至2万卷文书中劫走近1/3,即6000余种。此外还有200多幅唐画与蟠、织物、木制品、木制活字印字板和其他法器。他说:"在这三分之一写本中,我取完了用婆罗谜文或回鹘文写成的全部写本,许多藏文写本,但主要部分还是汉文写本。对于汉学研究来说,这都是一些无法估价的财宝。当然,其中的许多写本是佛教的,但也有历史、地理、哲学、经典、纯文学、各种契约、租约、逐日所作的札记。所以这一切都要早于11世纪。"

俄国人奥登堡于1909年至1915年间两次到新疆、甘肃进行考古调查。

1912年奥登堡率团至莫高窟，藏经洞内遗书已所剩无几，奥登堡在向王道士收买的同时，还到附近居民人家搜购，得到了将近3000卷遗书。

日本大净土宗主教大谷光瑞于1902年至1914年间三次派遣中亚探险队。1902年大谷光瑞带领第一个日本探险队，沿着塔克拉玛干北端行进，首次发现了库车克孜尔千佛洞石窟遗址,在那里掠夺和破坏了许多壁画。1908年，第二次探险的成员有日本海军和陆军军官橘瑞超和野村荣三郎。他们绕塔克拉玛干丝绸之路中道和南道走了一圈，一方面作为日本间谍勘察新疆地形、测绘地图，另一方面对西域丝绸之路上的文物进行掠夺。1909年，大谷组织橘瑞超带领第三支探险队到敦煌、吐鲁番掠夺文物。在吐鲁番阿斯塔那古墓地，他们掠走了大量唐代的出土文书、文物，仅收藏在龙谷大学的文书就有7000多份，其中大部是吐鲁番出土文书，是研究唐代丝绸之路历史的重要资料，其掠夺走的多种民族文字的文书是研究丝绸之路民族史的重要史料。还有很多的壁画、雕塑都是研究佛教西来不可或缺的重要证据。

最后加入丝绸之路盗宝行列的是美国哈佛大学东方学专家、福格博物馆的工作人员兰登·华尔纳。1923年秋季，华尔纳在哈佛大学福格艺术博物馆的赞助下，来到中国。他与同伴霍勒斯·杰恩和中国翻译坐着四辆简陋的双轮马车，从古城西安沿着丝绸之路西行。1924年，华尔纳一行在敦煌莫高窟用化学胶布粘走壁画26幅，劫走彩塑数尊。华尔纳破坏的是最大最美的敦煌壁画，这些壁画是唐代绘画艺术中最有代表性、最生动的人物造型。被华尔纳用卑劣手段掠夺运回的12幅敦煌精美壁画中有11幅被完好地分离出来，在福格博物馆展出。这个博物馆顿时身价倍增，吸引了世界的目光，并给了考古学家极大的东方探险激情。正当华尔纳第二次带足了胶水，准备到敦煌再次大干一场时，丝绸之路的盗宝之门已被觉醒的中国人民关闭了。从此欧洲、日本、俄国、美国等国的探险家终于停下了他们对丝绸之路沿线遗物遗迹的盗掘。

二、简牍记忆中的丝绸之路

1990—1992 年在甘肃敦煌悬泉置遗址出土了大量汉简，经过整理，已编号者 17900 多枚。悬泉汉简与出自边塞烽燧的敦煌和居延汉简不同的是，由于悬泉置地处中西交通必经之地，作为一座官方邮驿接待机构，负责接待朝廷官吏和各国使者，因而悬泉简中保留了大量西域各国使者途经悬泉置的有关记录，属于丝绸之路上东西交往的记录，这对于研究两汉时期西北边地政治、经济、军事、文化，特别是邮驿交通，民族社会，中原与西域、中亚、西亚、南亚和地中海沿岸古代国家的关系，以及丝绸之路上的中西文化交流，至为重要、异常珍贵。悬泉置出土的从汉昭帝以来有关往来汉廷的有若羌、楼兰、于阗、莎车、疏勒、龟兹、车师、乌孙、大宛、大月氏、康居等国使臣与商旅的简文 360 多条，是有关西域国家与汉朝通使、朝贡甚至商贸的珍贵资料，涉及西域诸国和民族与中央政府关系的记载，是丝绸之路交往贸易的有力证据，弥足珍贵。

悬泉置遗址是迄今为止发现规模最大、保存最完整的古代邮驿接待机构，是两汉丝路繁荣的重要标志。其中悬泉汉简中的《康居王使者册》有简 7 枚，两道编绳犹在，字迹清晰，内容完整。长度均在 23 厘米左右，前 4 枚宽度在 1 厘米左右，后 3 枚中间削成脊形，成两行，两种不同形状的简编为一册，木质柽柳。简文内容如下：

> 康居王使者杨伯刀、副扁阗；苏薤王使者姑墨、副沙囷即贵人为匿等，皆叩头自言：前数为王奉献橐佗，入敦煌（1简）关，县次购食至酒泉，昆口官太守与杨伯刀等杂平直肥瘦。今杨伯刀等复为王奉献橐佗入关，行道不得（2简）食，至酒泉，酒泉大守独与小吏直畜，杨伯刀等不得见所献橐佗。姑墨为王献白牡橐佗一匹，牝二匹，以为黄。及杨伯刀（3简）等献橐佗，皆肥，以为瘦。不如实，冤。（4简）

前4简，记载了康居使者及贵人到敦煌入关后，对贡品即奉献的骆驼进行的评估，评估内容涉及牝牡（雌雄）、毛色、肥瘦、年齿、价值等方面。对方当事人5人：康居王使者杨伯刀、副使扁阗；苏薤王使者姑墨、副使沙、贵人为匿；他们每次从敦煌入关东往酒泉，沿途食宿要有人解决；到酒泉后，太守及下属官员要会同朝贡者一起对贡物进行评估，评估后交由郡县上转，抑或继续由朝贡者带往长安。

> 永光五年六月癸酉朔癸酉，使主客谏大夫汉侍郎当，移敦煌太守，书到验问言状。事当奏闻，毋留如律令。（5简）

第5简记载了永光五年六月初一日（公元前39年7月21日），朝廷主管对外交往交流和蛮夷事务的主客谏大夫发文到敦煌，要求敦煌太守接到文件后对此进行查询并按时向中央上报基本情况，不得迟滞。

> 七月庚申，敦煌大守弘、长史章、守部候修仁行丞事，谓县：写移书到，具移康居苏薤王使者杨伯刀等献橐佗食用谷数，会月廿五日，

如律令。／掾登、属建、书佐政光。（6简）

第6简则记载了永光五年七月庚申（七月十八日，前39年9月6日），敦煌大守弘、长史章以及兼行丞事的守部候修仁联署文件，下发效谷县，要求县廷接到文件后，将康居王使者路过县境时为之提供的谷物数量在七天之内，于本月二十五日上报太守府。

七月壬戌，效谷守长合宗、守丞敦煌左尉忠谓置：写移书到，具写传马止不食谷，诏书报，会月廿三日，如律令。／掾宗、啬夫辅。（7简）（Ⅱ90DXT0216②：877-883）

第7简则是永光五年七月壬戌（七月二十日，前39年9月8日），效谷守长合宗、守丞（时为敦煌左尉）联署文件，下发悬泉置，要求在三天之内，于本月二十三日将传马食谷情况上报县廷。最后是掾、啬夫的具名。

七枚简，共291字，主要讲康居王使者和苏薤王使者及贵人前来贡献，在酒泉评价贡物时发生了纠纷，朝廷责令敦煌郡和效谷县调查上报的情况。《汉书·西域传》载："康居国，王冬治乐越匿地。到卑阗城。去长安万二千三百里。不属都护。至越匿地马行七日，至王夏所居蕃内九千一百四里。户十二万，口六十万，胜兵十二万人。东至都护治所五千五百五十里。与大月氏同俗。东羁事匈奴。"《史记·张骞列传》所载："康居在大宛西北可二千里，行国，与月氏人同俗。控弦者八九万人。与大宛邻国。国小，南羁事月氏，东羁事匈奴。"《汉书·西域传》载："康居有小王五：一曰苏薤王，治苏薤城，去都护五千七百七十六里，去阳关八千二十五里；二曰附墨王，治附墨城，去都护五千七百六十七里，去阳关八千二十五里；三曰窳匿王，治窳匿城，去都护五千二百六十六里，去阳关七千五百二十五里；四曰罽王，治罽城，去都护六千二百九十六里，去阳关八千五百五十五里；五曰奥鞬王，治奥鞬城，去都护六千九百六里，去阳关八千三百五十五里。凡五王，属康居。"其他记载汉武帝以后相当一段时间里康居一直和汉王朝保持着贡使关系的悬泉汉简简文还有：

甘露二年正月庚戌，敦煌太守千秋、库令贺兼行丞事，敢告酒泉大□

罢军候丞赵千秋上书：送康居王使者二人、贵人十人、从者□
九匹、驴卅一匹、橐他廿五匹、牛一。戊申入玉门关。巳阁□□
（II90DXT0213③：6）
□渊泉假亭长许参送康居□（II90DXT0114③：318）
康居贵人给□□□□（II90DXT0115④：222）

以上说明在西汉后期的几十年里，康居国同汉王朝保持着贡使往来关系。

悬泉汉简中对于长罗侯常惠多次出使、赤谷城屯田、冯夫人锦车持节完成朝廷使命、乌孙大小昆弥分立和共同到京师朝拜等，都有具体记载。《长罗侯过置费用簿》是公元前61年正月（元康五年）长罗侯城常惠率军长史、军侯、司马、都田佐等70人去西域过悬泉置用餐的登记。从过食文书和乘传驾车簿等文书中，还可以看到过往人员的数量、身份任务、去向等。

关于车师的记载也极为重要。比如车师前国的都城交河城，是进入西域的东部门户，汉与匈奴曾有过"五争车师"的战役，可见其战略地位十分重要。关于中亚各国和西亚、南亚的记载，为"一带一路"建设提供历史根据。有关康居极为丰富的记载，不仅是研究汉与康居及两汉丝绸之路的重要依据，而且是今天中亚各国尤其是哈萨克斯坦研究本国古代历史的重要文献。

悬泉汉简"浮屠简":简号:ⅡDXF13C②:30

少酒薄乐,弟子谭堂再拜请。会月廿三日,小浮屠里七门西入。

此简24字,很可能是遗落在悬泉置的一封僧徒之间的往来信件,或者是一件佛弟子要求拜见长老的名刺。由此可以推测:早在公元1世纪后半期,佛教就已经传入敦煌,而且一开始就流行在民间。它比竺法护在敦煌译经的时间早200年,比乐僔在莫高窟开凿洞窟的时间早300年。也说明佛教从印度传到西域,再由西域传到内地敦煌实现了"两连跳",再由河西传往中原。也可以说,佛教中国化萌芽于西域、开始于敦煌。

悬泉简中保留了大量西域各国使者途经悬泉置的有关记录,是研究丝路贸易和汉与西域关系的珍贵资料。除上述记载以外,他如:"楼兰王以下二百六十人,当东,传车马皆当柱,敦□。"(Ⅱ0115②:47)"甘露元年二月丁酉朔己未,悬泉厩佐富昌敢言之,爰书:使者段君所将疏勒王子橐佗三匹,其一匹黄,牝;二匹黄,乘,皆不能行,罢瘃死,即与假佐开、御田遂陈。……复作李则、耿癸等六人杂诊橐佗丞所置前,橐罢瘃死,审它如爰书,敢言之。"(Ⅱ0216③:137)"大宛贵人乌莫塞,献橐佗一匹,黄,乘,须两耳,絜一丈。死悬泉置□。"(Ⅱ0214②:53)"鸿嘉三年正月壬辰,遣守属田忠送自来鄯善王副使姑翼、山王副使乌不腺奉献诣行所,为驾一乘传。敦煌长史充国行太守事、丞晏谓敦煌为驾,当舍传舍郡邸,如律令。六月辛酉西。"(Ⅱ0214②:78)诸如此类,共有500多条,所涉及的西域国家有楼兰(鄯善)、且末、小宛、精绝、弥、渠勒、于阗、蒲犁、皮山、大宛、莎车、疏勒、乌孙、姑墨、温宿、龟兹、仑头、乌垒、渠犁、危须、焉耆、狐胡、山国、车师等24国,几乎一些重要国家与汉王朝的来往,悬泉简中都有程度不同的反映。此外,解忧公主、冯夫人、少主等人或者途经悬泉,或者上书朝廷,悬泉简中都有相当记载。甘露年间,乌孙内乱，分为大小二部。此后大、小昆弥为借重西汉朝廷，使者络绎于途。从元封年间公主和亲到西汉末年的一百多年，乌孙与汉朝的关系由邻国而盟国，由盟国而属国，其中发生了多次重大变化，悬泉简中关于乌孙的材料具体生动地反映了这一变化的过程。

悬泉简中关于车师的记载也相当丰富，车师是西域的重要国家，扼守西域东大门，是汉与匈奴进入西域的必争之地。西汉时，汉曾发兵五争车师；东汉时又多次派兵屯驻于此。这些简牍无疑是研究汉与西域、汉与匈奴关系的珍贵资料。此外，悬泉简中还保留了西域都护以外中亚国家与汉朝的来往情况，如罽宾、乌弋山离、大月氏、康居、祭越、折垣等，而后两个国家在传世史籍中未曾见过，为研究中亚史提供了新材料。关于《论语》《孝经》的残片及其他如《仓颉篇》《急就篇》等识字课本的发现，是汉文化西传的有力证据。结合武威出土的《仪礼》简和罗布泊出土的《论语》简等，可以看到，西汉武帝以后对边疆地区的开拓和管理，除了一系列军事外交和政治经济措施外，还伴随着文化上的积极进取。

三、敦煌学发现的盛大丝路

敦煌文化集建筑艺术、彩塑艺术、壁画艺术、佛教文化于一身,历史底蕴雄浑厚重,文化内涵博大精深,艺术形象美轮美奂。

敦煌文化是各种文明长期交流融汇的结晶。敦煌作为中国通向西域的重要门户,古代中国文明同来自古印度、古希腊、古波斯等不同国家和地区的思想、宗教、艺术、文化在这里汇聚交融。中华文明以海纳百川、开放包容的广阔胸襟,不断吸收借鉴域外优秀文明成果,造就了独具特色的敦煌文化和丝路精神。季羡林先生说过:"敦煌文化的灿烂,正是世界各族文化精粹的融合,也是中华文明几千年源远流长不断融会贯通的典范。"

——习近平总书记在敦煌研究院座谈时的讲话

敦煌因为西方探险家的到来将敦煌文书、敦煌艺术品劫掠到全世界而再次成为世界关注的热点地区,敦煌学因世界学者对敦煌文书、敦煌艺术、敦煌历史等深入的研究而成为世界显学。习近平总书记指出:敦煌学是当今一门国际性显学,世界上许多国家如英国、法国、俄罗斯、日本、德国、美国、印度等国不少学者都在从事敦煌学研究。古代敦煌辉煌是丝绸之路辉煌的集中体现,敦煌学集中反映了丝路兴衰的历史变迁。敦煌遗书是人类重要的文化遗产，其年代上起魏晋，下至元代。其间，三国、两晋、梁、陈、北魏、西魏、北周、隋、唐、后梁、后唐、后晋、后周、北宋、沙州回鹘、西夏、元朝等10多个朝代的文献都有所保存，成为研究各个朝代与丝绸之路历史和文化的珍贵资料。

敦煌文书中有大量反映丝绸之路上民族往来的文书，如梵文、突厥文、吐蕃文、回鹘文、于阗文、波罗谜文、粟特文、西夏文、叙利亚文、八思巴古文等多种文字的写本，不仅反映丝路贸易的往来，更加充分地彰显了丝绸之路文化交往交流交融的情况。如P.2025、P.2798《大般若波罗蜜多经》，P.2026《金光明最胜王经》，P.2783《妙法莲华经》及P.2739《大智度论》，均附有梵文原本。敦煌文献中有关佛教史和中西交通的重要著作，如《大唐西域记》，慧超《往五天竺国行记》（P.3532），《五台山行记》（P.4048、P.3931），《汉法本内传》（S.5916、P.2352、P.3376、P.3740、P.4032，又题《法王本纪内传》《法王本纪东流传录》），《五祖弘忍、六祖惠能别传》（S.1776）等。有关古代其他民族如吐蕃、回鹘、于阗和哈喇汗王朝的史料，如《吐蕃历史文书》残卷，记载了7、8世纪吐蕃逸史，还涉及回鹘、于阗等若干民族王国的史实。

莫高窟俗称千佛洞，是敦煌石窟群体中的代表窟群。洞窟始建于东晋永和九年（353），又经北凉、北魏、西魏、北周、隋、唐（分初、盛、中、晚四期）、五代、宋、回鹘、西夏、元等，前后共11个时代，14个时期，历时千年，在武周（初唐）时已有"窟龛千余"。明嘉靖年间（1522—1566）莫高窟成为明朝域外之地，洞窟已无凿建。清康、乾之世经营新疆，莫高窟再次为有识之士重视，并辑旅途笔记刊布介绍。1900年（光绪二十六年，一说二十五年）莫高窟第16窟发现藏经洞（今编号为第17窟），洞内密藏近千年的绢纸书画文献出土，随之俄、英、法、日、美等国"探险家"闻风而至，藏经洞内大批遗书和文物被盗，石窟壁画亦遭劫掠。1921年沙俄军队数百人窜入敦煌,扎营莫高,在窟内烧炕做饭,多有损坏。窟群全长1600余米,分南北两区,现存有壁画、塑像者共492窟。敦煌莫高窟是世界上现存规模最大、连续修建时间最长、内容最丰富的佛教石窟群。敦煌莫高窟的开凿是丝绸之路发展的象征,也是丝绸之路政治、经济、社会、文化、民族交流交往交融的见证,也是敦煌学的重要组成部分。

在莫高窟北区洞窟出土的重要遗物有波斯银币、隋五铢,唐开元通宝,宋祥符通宝、皇宋通宝、嘉祐通宝、治平元宝、绍圣元宝、宣和通宝,西夏天盛元宝、乾祐元宝,回鹘文木活字,刺绣、锦、帛及汉文、藏文、西夏文、回鹘文、蒙文等书写或印刷的佛经,从另一角度证明了丝绸之路上货币流行、贸易发展的情况,以及随丝路而来佛教在民族之间的流行情况。敦煌莫高窟第61窟甬道所绘黄道十二宫与五个庙石窟第1窟西夏或元代重绘的炽盛光佛像,上方两侧绘有黄道十二宫与二十八宿极为相似,为丝绸之路上中西天文科学交流提供了新证。

敦煌榆林窟,俗名万佛峡,位于瓜州县城南约70公里处,现存洞窟共41个。始凿于北魏,经唐、五代、宋、西夏、元等朝代,陆续兴建。在现存的东崖30窟,西崖11窟中,有唐代3窟、五代8窟、宋代13窟、西夏4窟、元代4窟、清代9窟,归义军曹氏时期开凿和重修的洞窟,占总数的二分之一以上。榆林窟第3窟东壁(正壁)南侧壁画一些人物较多的场景,其中有龙、牛、鸡、狗等动物,荷叶、棉花、葡萄、宝树等植物;有酿酒、犁耕、锻铁、商旅等各行各业活动的场面,内容丰富,包罗万象,展示了西夏的社会生活风貌和真实的历史画面。同窟东壁的普贤像侧,还绘有唐僧取经的画面,三藏法师玄奘合掌望空礼拜,孙悟空牵着满载佛经的白马,他的猴相,与《西游记》中所描绘的没什么两样。这都是丝绸之路历史在敦煌石窟壁画艺术中的集中表现和反映。

据敦煌文书记载:敦煌地区与于阗之间的商业贸易从归义军建立之后

就已经开始，敦煌地区经常往于阗国派遣使节和商团，同时接待大量于阗来的使团，于阗地区的玉石就是通过这条商业渠道进入敦煌贸易市场。P.2826《于阗王赐张淮深札》钤有两通印："通天万寿之印"

敦煌榆林窟

和"大于阗汉天子制印"，赐给张淮深白玉壹团并敦促敦煌尽快将木匠杨君子发遣到于阗，表明敦煌与于阗地区间不仅仅是丝绸玉石贸易，而且其中也包括手工业技术的交流。P.3547《沙州上都进奏院上本使状》记载敦煌向唐朝政府上的贡品有"玉壹团"，敦煌从于阗进口的玉石不但满足敦煌市场的需要，而且大量向甘州和中原地区贩运。S.5878、5896、5897《子年领得常住什物历》记载有胡粉一分；S.4642《年代不明（10世纪）某寺诸色解斗入破历算会牒残卷》记载有"熬壹硕伍斗，买胡粉用。鼓叁硕，买胡粉画幡用"。说明胡粉产自西域地区，敦煌与西域之间有胡粉贸易存在。在敦煌文献中保存的《天宝十年敦煌郡敦煌县差科簿》记载有从化乡的居民服差役的情况，从姓名上看多是移居敦煌的粟特人，姓康、石、安、米、曹、何、贺、翟、史、罗等粟特姓氏，表明粟特人是盛唐时期敦煌贸易市场的主体。粟特人是专门从事国际贸易的商人，敦煌有专门设置的从化乡安置这些人，说明敦煌贸易市场外来商人数量很大。学术界研究表明晚唐五代归义军时期敦煌居住有大量的粟特人，有很多以粟特人为主建立的村落，如安家庄、曹家庄、史家庄、康家庄、罗家庄、翟家庄等，他们担任归义军政权中的各级官吏,有归义军节度副使安景等,此外还有鄯善人建立的村落鄯家庄、焉耆人建立的龙家庄等,足见粟特人在晚唐五代归义军商业贸易中有举足轻重的地位。此外敦煌商业贸易中还常见有吐蕃、于阗、波斯、印度的商人。《儿郎伟》记载四海争诸纳贡敦煌,敦煌街南、街北市场贸易繁荣,有众多外国商人开设的店铺。由此可以说明晚唐五代敦煌是丝绸之路上重要的国际性贸易都市,汇聚世界各国商人,地位尊崇。

另外,敦煌文书记还记载了有关摩尼教、景教在敦煌地区流行的情况。汉文敦煌摩尼教文献有多件,如《摩尼光佛教法仪略》(S.2659、P.3884),据题记为唐开元十九年(731)六月八日大德拂多诞奉诏集贤院译;《下部赞》(S.2659),道明译;《摩尼教残经》(北宇56)等。摩尼教为巴比伦帕提亚王裔摩尼在240—276年间创立的宗教,是从早期基督教裸祩中发展出来的一个异端教派。在中世纪之时流行于中亚及地中海沿岸一带,大约在4世纪初已传入我国。摩尼教在相当长的时期内曾是回鹘人的国教,对古代回鹘民族在政治上、文化上更有特别重要的影响。唐朝实行开放政策,摩尼教得到朝廷认可,陆续在内地传播开来,843年(唐武宗会昌三年)取缔外来宗教,摩尼教亦在被取缔之列,摩尼教从此衰微。摩尼教文献在敦煌的发现与吐鲁番中世纪伊朗语摩尼教文献的发现对研究摩尼教东渐、特别是中西之间宗教文化交流交往都具有十分重大的意义。

此外,敦煌遗书中还有数种珍贵的景教古经和要典,如《大秦景教宣元本经》(李盛铎旧藏)、《尊经》(P.3847)、《大秦景教宣元至本经》(小岛文书)、《志玄安乐经》(李盛铎旧藏)、《大秦景教大圣通真归法赞》《一神论卷第三》([日]富冈谦藏)、《序听迷诗所经》([日]高楠顺次郎藏)、《大秦景教三威蒙度赞》P.3847等。其中《尊经》除著录景教经目30多种外,还记载有景教在我国流传情况和景教经典的中译情况。敦煌遗书S.1366《归义军使衙麦油破用历》有招待波斯僧所用面、油的账目,姜伯勤指出："波斯僧"即景教教士。元代莫高窟《重修皇庆寺记》中亦见有"长老桑哥失里"及"费教士"等基督教会神职人员；马可·波罗记沙州"居民多是偶像教徒（佛教徒），然亦稍有聂思脱里派之基督教徒若干。"斯坦因曾从莫高窟藏经洞盗走一幅景教人物画像，为景教耶稣基督圣像。1994年莫高窟北区B105窟还出土铜铸十字架。敦煌发现的景教遗物，为古代景教教义和古代景教在中国，特别是在敦煌流行情况提供了十分宝贵的资料。

"一带一路"倡议的提出与丝绸之路甘肃段复兴

丝绸之路经济带和21世纪海上丝绸之路倡议顺应了时代要求和各国加快发展的愿望，提供了一个包容性巨大的发展平台，具有深厚历史渊源和人文基础，能够把快速发展的中国经济同沿线国家的利益结合起来。要集中力量办好这件大事，秉持亲、诚、惠、容的周边外交理念，近睦远交，使沿线国家对我们更认同、更亲近、更支持。

"一带一路"贯穿欧亚大陆，东边连接亚太经济圈，西边进入欧洲经济圈。无论是发展经济、改善民生，还是应对危机、加快调整，许多沿线国家同我国有着共同利益。历史上，陆上丝绸之路和海上丝绸之路就是我国同中亚、东南亚、南亚、西亚、东非、欧洲经贸和文化交流的大通道，"一带一路"倡议是对古丝绸之路的传承和提升，获得了广泛认同。

——2014年11月4日习近平同志在中央财经领导小组第八次会议上的讲话

一、"一带一路"倡议的提出

1. "一带一路"倡议提出的背景

"一带一路"倡议的提出背景总的来说可以分为国际背景和国内背景两个方面,世界面临百年未有之大变局,中国特色社会主义进入新时代。正如2018年6月22日习近平总书记在在中央外事工作会议上的讲话指出:当前,我国处于近代以来最好的发展时期,世界处于百年未有之大变局,两者同步交织、相互激荡。

世界正在面临"百年未有之大变局":世界多极化、经济全球化、社会信息化、文化多样化深入发展,全球治理体系和国际秩序变革加速推进,新兴市场国家和发展中国家快速崛起,国际力量对比更趋均衡,世界各国人民的命运从未像今天这样紧紧相连。未来十年,将是世界经济新旧动能转换的关键十年。人工智能、大数据、量子信息、生物技术等新一轮科技革命和产业变革正在积聚力量,催生大量新产业、新业态、新模式,给全球发展和人类生产生活带来翻天覆地的变化。未来十年,将是国际格局和力量对比加速演变的十年。新兴市场国家和发展中国家群体性崛起势不可当,将使全球发展的版图更加全面均衡,使世界和平的基础更为坚实稳固。

未来十年仍然是世界经济发展的"金色十年"。世界各国之间的联系、交流交往不断加强，你中有我，我中有你，任何国家的发展都与世界的发展变化密切相关，谁也无法摆脱或者脱离与世界的联系，世界经济一体化、全球化不断加强，各个国家间打通公路、铁路、航路、管路、网路、海运等，联系起来共同发展的愿望日益迫切。同时，当今世界正处于大发展大变革大调整时期，不稳定性不确定性突出，人类面临许多共同的前所未有的挑战。世界多极化、经济全球化在曲折中前行，地缘政治热点此起彼伏，恐怖主义、武装冲突的阴霾挥之不去。单边主义、保护主义愈演愈烈，多边主义和多边贸易体制受到严重冲击，国际金融危机影响深远，世界经济增长不稳定不确定因素增多，国际投资贸易格局和多边投资贸易规则酝酿深刻调整，国际经济发展前景不容乐观、情况复杂多变，全球发展不平衡加剧，粮食不足、资源短缺、能源紧张、环境污染、气候异常、人口膨胀、贫困、疾病流行、经济危机等诸多全球性难题，对人类生存和发展构成严峻挑战。霸权主义、强权政治依然存在，新干涉主义不断抬头，保护主义、单边主义、零和博弈不断抬头，局部动荡频繁发生，战乱、恐怖袭击、饥荒此伏彼现，粮食安全、能源资源安全、网络安全等全球性问题更加突出，传统安全和非传统安全问题复杂交织。

　　从国内来看，中国特色社会主义进入新时代，近代以来久经磨难的中华民族迎来了从站起来、富起来到强起来的伟大飞跃，迎来了实现中华民族伟大复兴的光明前景；科学社会主义在21世纪的中国焕发出强大生机活力，在世界上高高举起了中国特色社会主义伟大旗帜；中国特色社会主义道路、理论、制度、文化不断发展，拓展了发展中国家走向现代化的途径，给世界上那些既希望加快发展又希望保持自身独立性的国家和民族提供了全新选择，为解决人类问题贡献了中国智慧和中国方案；我国日益走近世界舞台中央。我国社会主要矛盾已经转化为人民日益增长的美好生活需要和不平衡不充分的发展之间的矛盾。我国正在跨越"四大陷阱"——"塔西佗陷阱""修斯底德陷阱""中等国家收入陷阱""金德尔伯格陷阱",穿越"两大峡谷"——历史的山峡和"卡夫丁峡谷",以更加积极更有担当的胸怀和魄力参与国际事务,全力实现第一个"一百年"的目标——2020年全面建成小康社会,迈向第二个"一百年"的目标——到21世纪中叶把我国建设成为富强、民主、文明、和谐、美丽的社会主义现代化强国,与世界人民一起,努力构建人类命运共同体。

从国际国内看,共建"一带一路"不是重复古代"丝绸之路"的发展模式,而是"复兴"古代陆上和海上丝绸之路的历史使命和历史担当,其实质在于超越古代丝绸之路,在于重建重构世界发展的版图和生命网络,秉承丝路精神,让"丝绸之路"在新时代焕发新的生命力,不断顺应世界多极化、经济全球化、社会信息化、文化多样化的世界发展潮流,促进世界和谐和平发展,建构人类命运共同体。因此,共建"一带一路"旨在促进经济要素有序自由流动、资源高效配置和市场深度融合,推动沿线各国实现经济政策协调,开展更大范围、更高水平、更深层次的区域合作,共同打造开放、包容、均衡、普惠的区域经济合作架构。共建"一带一路"符合国际社会的根本利益,彰显人类社会共同理想和美好追求,是国际合作以及全球治理新模式的积极探索,将为世界和平发展增添新的正能量。共建"一带一路"致力于亚欧非大陆及附近海洋的互联互通,建立和加强沿线各国互联互通伙伴关系,构建全方位、多层次、复合型的互联互通网络,实现沿线各国多元、自主、平衡、可持续的发展。"一带一路"的互联互通项目将推动沿线各国发展战略的对接与耦合,发掘区域内市场的潜力,促进投资和消费,创造需求和就业,增进沿线各国人民的人文交流与文明互鉴,让各国人民相逢相知、互信互敬,共享和谐、安宁、富裕的生活。推进"一带一路"建设既是中国扩大和深化对外开放,构建全方位开放新格局,深度融入世界经济体系的需要，也是加强和亚欧非及世界各国互利合作，在力所能及的范围内承担更多责任义务，为人类和平发展作出更大的贡献的需要。

2. "一带一路"倡议的提出

丝绸之路经济带的提出绝对不是偶然事件，而是经济全球化、社会信息化、文化多样化、世界发展一体化的大趋势和中国作为大国参与全球分工、全球治理的一个必然结果。

2013年9月7日，国家主席习近平访问哈萨克斯坦，在纳扎尔巴耶夫大学作重要演讲时指出：2100多年前，中国汉代的张骞肩负和平友好使命，两次出访中亚，开启了中国同中亚各国友好交往的大门，开辟出一条横贯东西、连接欧亚的丝绸之路。哈萨克斯坦这片土地，是古丝绸之路经过的地方，曾经为沟通东西方文明、促进不同民族、不同文化相互交流和合作作出过重要贡献。东西方的使节、商队、游客、学者、工匠川流不息，沿途各国互通有无，互学互鉴，共同推动了人类文明进步。千百年来，在这条古老的丝绸之路上，各国人民共同谱写千古传诵的友好篇章。两千多年的交往历史证明，只要坚持团结互信、平等互利、包容互鉴、合作共赢，不同种族、不同信仰、不同文化背景的国家，完全可以共享和平，共同发展。这是古丝绸之路留给我们的宝贵启示。二十多年来，随着中国同欧亚国家关系快速发展，古老的丝绸之路日益焕发出新的生机活力，以新的形式把中国同欧亚国家的互利合作不断推向新的历史高度。为了使欧亚各国经济联系更加紧密、相互合作更加深入、发展空间更加广阔，我们可以用创新的合作模式，共同建设"丝绸之路经济带"。

习近平总书记提出"共同建设'丝绸之路经济带'"，指出共建的目的在于使欧亚各国经济联系更加紧密、相互合作更加深入、发展空间更加广阔，造福沿途各国人民。通过政策沟通、道路联通、贸易畅通、货币流通、民心相通等"五通",最后以点带面,从线到片,逐步形成区域的大合作,所以说,"丝绸之路经济带"战略的提出具有重要的现实意义和战略意义。

2013年10月3日,国家主席习近平在印度尼西亚国会发表题为《携手建设中国—东盟命运共同体》的重要演讲,指出:东南亚地区自古以来就是"海上丝绸之路"的重要枢纽,中国愿同东盟国家加强海上合作,同东盟国家商谈缔结睦邻友好合作条约,使用好中国政府设立的中国—东盟海上合作基金,倡议筹建亚洲基础设施投资银行,坚持倡导综合安全、共同安全、合作安全的新理念,相互学习、相互借鉴、相互促进,发展好海洋合作伙伴关系,扩大同东盟国家各领域务实合作,互通有无、优势互补,同东盟国家共享机遇、共迎挑战,实现共同发展、共同繁荣。坚持讲信修睦,坚持合作共赢,坚持守望相助。坚持心心相印,坚持开放包容,共同建设21世纪"海上丝绸之路"。

3."一带一路"倡议的推进概况

2013年10月25日,习近平总书记在周边外交工作座谈会上发表重要讲话指出,要同有关国家共同努力,加快基础设施互联互通,建设好丝绸之路经济带、21世纪海上丝绸之路。要以周边为基础加快实施自由贸易区战略,扩大贸易、投资合作空间,构建区域经济一体化新格局。要不断深化区域金融合作,积极筹建亚洲基础设施投资银行,完善区域金融安全网络。要加快沿边地区开放,深化沿边省区同周边国家的互利合作。

2013年11月12日,中国共产党第十八届中央委员会第三次全体会议通过《中共中央关于全面深化改革若干重大问题的决定》提出,加快沿边开放步伐,允许沿边重点口岸、边境城市、经济合作区在人员往来、加工物流、旅游等方面实行特殊方式和政策。建立开发性金融机构,加快同周边国家和区域基础设施互联互通建设,推进丝绸之路经济带、海上丝绸之路建设，形成全方位开放新格局。至此，"一带一路"构想和倡议被正式提升为国家战略。

2014年3月5日，李克强总理在《政府工作报告》中指出，推动开放向深度拓展。设立中国上海自由贸易试验区，探索准入前国民待遇和负面清单的管理模式。提出建设丝绸之路经济带、21世纪海上丝绸之路的构想。打造中国—东盟自贸区升级版。与瑞士、冰岛签署自由贸易协定。

2014年3月29日，国家主席习近平在德国西部北威州的杜伊斯堡港参观访问时，提出建设丝绸之路经济带倡议，秉承共同发展、共同繁荣的理念，联动亚欧两大市场，赋予古丝绸之路新的时代内涵，造福沿途各国人民。中德位于丝绸之路经济带两端，是亚欧两大经济体和增长极，也是渝新欧铁路的起点和终点。杜伊斯堡港是世界最大内河港和欧洲重要交通物流枢纽，希望它能为促进中德、中欧合作发展发挥更大作用。杜伊斯堡港是世界最大内河港和欧洲重要交通物流枢纽，也是由重庆经新疆跨欧亚直至欧洲的渝新欧国际铁路联运大通道的终点。这条铁路成为连接中国和欧洲的现代版"丝绸之路"，是中欧经贸合作广阔前景的象征。

2014年6月5日，国家主席习近平出席中阿合作论坛第六届部长级会议开幕式并发表题为《弘扬丝路精神，深化中阿合作》的重要讲话，指出通过古老的丝绸之路，中阿人民的祖先走在了古代世界各民族友好交往的前列。希望双方弘扬丝绸之路精神，以共建丝绸之路经济带和21世纪海上丝绸之路为新机遇新起点，不断深化全面合作、共同发展的中阿战略合作关系。回顾中阿人民交往历史，我们就会想起陆上丝绸之路和海上香料之路。千百年来，丝绸之路承载的和平合作、开放包容、互学互鉴、互利共赢精神薪火相传，在文明交流互鉴史上写下了重要篇章。"一带一路"是互利共赢之路，中国同阿拉伯国家因为丝绸之路相知相交，是共建"一带一路"的天然合作伙伴,构建"1+2+3"的合作格局。①

2014年9月11日,国家主席习近平在中俄蒙元首会晤中提出中俄蒙三国把丝绸之路经济带同俄罗斯跨欧亚大铁路、蒙古国草原之路倡议进行对接,打造中蒙俄经济走廊。

2014年9月13日,国家主席习近平在与塔吉克斯坦总统拉赫蒙会谈时强调,要以共建丝绸之路经济带为契机,加强油气、电力、经贸、交通基础设施建设等领域合作,提高互联互通水平,建设好中国—中亚天然气管道,要加强文化、教育、体育等领域合作,传承丝绸之路友谊,弘扬丝绸之路精神。

2014年9月12日,国家主席习近平在会见土库曼斯坦总统别尔德穆哈梅多夫时指出,双方要继续深化能源合作,确保中国—中亚天然气管道建设和运营,做好复兴气田二期产能建设。同时,要优化贸易结构,逐步扩大电力、制造业、农业等非能源合作,共同推动丝绸之路经济带建设,对接两国发展战略。②

2014年9月18日,国家主席习近平在印度世界事务委员会发表题为《携手追寻民族复兴之梦》的重要演讲,指出,公元67年,天竺高僧迦叶摩腾、竺法兰来到中国洛阳,译经著说,译出的《四十二章经》成为中国佛教史上最早的佛经翻译。白马驮经,玄奘西行,将印度文化带回中国。中国大航海家郑和七次远航、六抵印度,带去了中国的友邦之谊。印度歌舞、天文、历算、文学、建筑、制糖技术等传入中国,中国造纸、蚕丝、瓷器、茶叶、音乐等传入印度,成为两国人民自古以来互联互通、互学互鉴的历史佐证。中国提出"一带一路"倡议,就是要以加强传统陆海丝绸之路沿线国家互

---

① 习近平:《弘扬丝路精神,深化中阿合作》,新华网,2014年6月5日。
② 《习近平会见土库曼斯坦总统别尔德穆哈梅多夫》,新华网,2014年9月12日。

联互通，实现经济共荣、贸易互补、民心相通。中国希望以"一带一路"为双翼，同南亚国家一道实现腾飞。中国将同南亚国家一道实施中国—南亚科技合作伙伴计划，充分发挥中国—南亚博览会作用，打造互利合作的新平台。①

2014年10月10日，中共中央政治局常委、国务院副总理张高丽在推进"一带一路"建设工作座谈会上强调，实施"一带一路"重大战略，首先要统一思想认识，搞好顶层设计，科学制定规划，明确重点方向，有力有序稳妥推进。要进一步立足比较优势，找准自身定位，把中央战略规划与各地实际结合起来，制定好实施方案和政策措施，决不能一哄而起低水平竞争。要突出工作重点，搞好互联互通，深化与沿线国家交流合作，强化国内支撑，努力打造对外开放新高地。要加强统筹协调，用好合作机制，凝聚"一带一路"建设的强大推动力。要抓好重大项目，发挥示范效应，推动产业深度对接，加强能源资源、现代农业、先进制造业、现代服务业、海洋经济等领域合作。要突出核心理念，促进互利共赢，建设利益共同体、命运共同体和责任共同体。要抓住重大机遇，做到远近结合，培育新的经济增长点，推动经济社会持续健康发展。②

2014年11月4日，习近平总书记主持召开中央财经领导小组第八次会议，研究丝绸之路经济带和21世纪海上丝绸之路规划、发起建立亚洲基础设施投资银行和设立丝路基金。

2014年11月11日，亚太经合组织第二十二次领导人非正式会议在北

---

① 《习近平在印度世界事务委员会发表重要演讲》，见《人民日报》，2014年9月19日01版。

② 《张高丽在推进"一带一路"建设工作座谈会上强调扎实实施"一带一路"重大战略努力打造全方位对外开放新格局》，《人民日报》2014年10月11日01版。

京举行，国家主席习近平主持会议并发表讲话强调，面对新形势，亚太经济体应深入推进区域经济一体化，打造发展创新、增长联动、利益融合的开放型亚太经济格局，共建互信、包容、合作、共赢的亚太伙伴关系，为亚太和世界经济发展增添动力。深入推进区域经济一体化，打造有利于长远发展的开放格局，大力推进亚太自由贸易区进程。我们应该加快完善基础设施建设，打造全方位互联互通格局，让脚下之路、规则之路、心灵之路联通太平洋两岸全体成员。开展互联互通合作是中方"一带一路"倡议的核心。中方欢迎志同道合的朋友积极参与有关合作，共同将"一带一路"建设成为大家的合作之路、友好之路、共赢之路。①

2015年2月1日，国家推进"一带一路"建设工作会议在北京召开。会议安排部署了2015年及今后一段时期推进"一带一路"建设的重大事项和重点工作。会议认为，"一带一路"建设是一项宏大系统工程，要突出重点、远近结合，有力有序有效推进，确保"一带一路"建设工作开好局、起好步。要坚持共商、共建、共享原则，积极与沿线国家的发展战略相互对接。要把握重点方向，陆上依托国际大通道，以重点经贸产业园区为合作平台，共同打造若干国际经济合作走廊；海上依托重点港口城市，共同打造通畅安全高效的运输大通道。要抓好重点项目，以基础设施互联互通为突破口，发挥对推进"一带一路"建设的基础性作用和示范效应。要拓宽金融合作，加快构建强有力的投融资渠道支撑，强化"一带一路"建设的资金保障。要促进人文交流，传承和弘扬古丝绸之路友好合作精神，夯实"一带一路"建设的民意和社会基础。要保护生态环境，遵守法律法规，履行社会责任，共同建设绿色、和谐、共赢的"一带一路"。要加强沟通磋商，

---

① 《共建面向未来的亚太伙伴关系——在亚太经合组织第二十二次领导人非正式会议上的开幕辞》，人民网，2014年11月12日。

充分发挥多边双边、区域次区域合作机制和平台的作用，扩大利益契合点，谋求共同发展、共同繁荣，携手推进"一带一路"建设。①

2015年3月5日，李克强总理在《政府工作报告》中指出：推进丝绸之路经济带和21世纪海上丝绸之路建设，筹建亚洲基础设施投资银行，设立丝路基金。中国在国际舞台上负责任大国形象日益彰显。推进丝绸之路经济带和21世纪海上丝绸之路合作建设。加快互联互通、大通关和国际物流大通道建设。构建中巴、孟中印缅等经济走廊。扩大内陆和沿边开放，促进经济技术开发区创新发展，提高边境经济合作区、跨境经济合作区发展水平。积极推动上海、广东、天津、福建自贸试验区建设，在全国推广成熟经验，形成各具特色的改革开放高地。统筹多双边和区域开放合作。维护多边贸易体制，推动信息技术协定扩围，积极参与环境产品、政府采购等国际谈判。加快实施自贸区战略，尽早签署中韩、中澳自贸协定，加快中日韩自贸区谈判，推动与海合会、以色列等自贸区谈判，力争完成中国—东盟自贸区升级谈判和区域全面经济伙伴关系协定谈判，建设亚太自贸区。中国是负责任、敢担当的国家，我们愿做互利共赢发展理念的践行者、全球经济体系的建设者、经济全球化的推动者。

2015年3月28日，国家发展改革委、外交部、商务部28日联合发布了《推动共建丝绸之路经济带和21世纪海上丝绸之路的愿景与行动》，从时代背景、共建原则、框架思路、合作重点、合作机制、中国各地方开放态势、中国积极行动、共创美好未来等八个方面阐述了中国与丝路沿线国家共建丝绸之路经济带和21世纪海上丝绸之路的愿景和行动，系统勾勒出"一带一路"路线图，标志着"一带一路"进入全面推进阶段，是中国与沿线国家共建的纲领性文件，为共建丝绸之路经济带和21世纪海上丝

---

① 《推进"一带一路"建设工作会议1日在北京召开》，新华网，2015年2月2日。

绸之路指明了方向。

2015年4月1日,《国务院关于改进口岸工作支持外贸发展的若干意见》出台,该《意见》提出完善"一带一路"在内陆地区的口岸支点布局,并统筹推进全国的一体化通关的思路。[1]

2015年5月8日,国家主席习近平访问俄罗斯期间与俄罗斯总统普京共同签署发表了《关于丝绸之路经济带建设和欧亚经济联盟建设对接合作的联合声明》,提出努力将丝绸之路经济带建设和欧亚经济联盟建设相对接,确保地区经济持续稳定增长,加强区域经济一体化,维护地区和平与发展。支持启动中国与欧亚经济联盟对接丝绸之路经济带建设与欧亚经济一体化的对话机制。中俄两国《联合声明》签署是"一带一路"倡议在欧亚大陆又一重大进展。[2]

2015年5月27日,中共中央政治局常委、国务院副总理张高丽出席在重庆举行的以"创新引领行动,推进亚欧互联互通"为主题的亚欧互联互通产业对话会,他在开幕式发表主旨演讲时强调指出,互联互通是时代潮流,是世界各国的共同需要。互联互通应该是基础设施、制度规章、人员交流三位一体,政策沟通、设施联通、贸易畅通、资金融通、民心相通五大领域齐头并进,全方位、立体化、网络状的大联通。中国是亚欧大家庭的一员,中国的发展与亚欧的整体发展密不可分。中国提出的"一带一路"倡议得到沿线国家积极响应,已成为兼顾各方利益、反映各方诉求的共同愿望。中国正与"一带一路"沿线国家一道,积极规划中蒙俄、新亚欧大

---

[1] 国务院印发《关于改进口岸工作支持外贸发展的若干意见》,新华网,2015年4月17日。

[2] 《中华人民共和国与俄罗斯联邦关于丝绸之路经济带建设和欧亚经济联盟建设对接合作的联合声明》,《人民日报》,2015年5月9日02版。

陆桥、中国—中亚—西亚、中国—中南半岛、中巴、孟中印缅六大经济走廊建设。亚洲基础设施投资银行和丝路基金将为亚欧互联互通产业合作提供有力的资金支持。"一带一路"和互联互通相融相近、相辅相成，亚欧互联互通产业合作前景光明。①

2015年7月，上海合作组织发表了《上海合作组织成员国元首乌法宣言》，支持关于建设"丝绸之路经济带"的倡议。2016年9月，《二十国集团领导人杭州峰会公报》通过关于建立"全球基础设施互联互通联盟"倡议。2016年11月，联合国193个会员国协商一致通过决议，欢迎共建"一带一路"等经济合作倡议，呼吁国际社会为"一带一路"建设提供安全保障环境。2017年3月，联合国安理会一致通过了第2344号决议，呼吁国际社会通过"一带一路"建设加强区域经济合作，并首次载入"人类命运共同体"理念。

2017年5月14日至15日，第一届"一带一路"国际合作高峰论坛在北京举行，29位外国元首、政府首脑及联合国秘书长、红十字国际委员会主席等3位重要国际组织负责人出席高峰论坛，来自130多个国家的约1500名各界贵宾作为正式代表出席论坛，来自全球的4000余名记者注册报道该次论坛。截至2017年3月，全球100多个国家和国际组织共同参与"一带一路"，40多个国家和国际组织与中国签署合作协议，形成广泛国际合作共识。高峰论坛成果清单主要涵盖政策沟通、设施联通、贸易畅通、资金融通、民心相通5大类，共76大项、270多项具体成果。论坛达到了"推进战略对接，密切政策沟通；深化项目合作，促进设施联通；扩大产业投资，实现贸易畅通；加强金融合作，促进资金融通；增强民生投入，深化民心

---

① 张高丽：《中国规划"一带一路"6大经济走廊（名单）》，中国新闻网，2015年5月27日。

相通"的重要目的。

2017年5月，习近平主席在首届"一带一路"国际合作高峰论坛上宣布，中国将从2018年起举办中国国际进口博览会。中国国际进口博览会(英文名称：China International Import Expo，简称 CIIE 或进博会)，由中华人民共和国商务部、上海市人民政府主办，旨在坚定支持贸易自由化和经济全球化、主动向世界开放市场。中国国际进口博览会在全球博览会中是以进口为主题的唯一的国家级的博览会，是国际贸易史上的一大创举，也是中国主动对世界开放市场的一个重要举措。自2018年第一届中国国际进口博览会开始，中国国际进口博览会的举办日期为11月5日—11月10日，举办地为中国上海。举办中国国际进口博览会，是中国着眼于推进新一轮高水平对外开放作出的重大决策，是中国主动向世界开放市场的重大举措，有助于促进中国经济高质量发展，更好满足人民美好生活需要。

2017年5月，推进"一带一路"建设工作领导小组办公室发布了《共建"一带一路"：理念、实践与中国的贡献》从"时代呼唤：从理念到蓝图、合作框架：从方案到实践、合作领域：从经济到人文、合作机制：从官方到民间、愿景展望:从现实到未来"五个方面对中国提出"一带一路"倡议、推进"一带一路"倡议、展望"一带一路"倡议进行了梳理，旨在与世界分享中国发展带来的广阔机遇，共建共享平等、和平、繁荣、文明、绿色的人类命运共同体。

2018年，中拉论坛第二届部长级会议、中国—阿拉伯国家合作论坛第八届部长级会议、中非合作论坛峰会先后召开，分别形成了中拉《关于"一带一路"倡议的特别声明》《中国和阿拉伯国家合作共建"一带一路"行动宣言》和《关于构建更加紧密的中非命运共同体的北京宣言》等重要成果文件。

2018年11月5日至10日，第一届中国国际进口博览会在国家会展中心(上海)举行,中国国家主席习近平出席开幕式并举行相关活动。第一届吸引了58个"一带一路"沿线国家的超过1000多家企业参展,将成为共建"一带一路"的又一个重要支撑。

2019年3月,意大利成为第124个签署共建"一带一路"谅解备忘录的国家,提升了"一带一路"倡议的信誉度。意大利是欧洲最大的经济体,同时也是首个加入"一带一路"倡议的七国集团成员国,为"一带一路"倡议注入了新的动能。

截至2019年3月底,中国政府已与125个国家和29个国际组织签署173份合作文件。共建"一带一路"国家已由亚欧延伸至非洲、拉美、南太等区域。

2019年4月22日推进"一带一路"建设工作领导小组办公室发表《共建"一带一路"倡议:进展、贡献与展望》报告,报告对政策沟通、设施联通、贸易畅通、资金融通、民心相通、产业合作六个方面的进展情况进行了说明,指出,"一带一路"倡议对世界的贡献集中体现在——共商:从中国倡议到全球共识;共建:共同打造和谐家园;共享:让所有参与方获得实实在在的好处;愿景:构建人类命运共同体。展望未来,我们建设的"一带一路"一定是一条和平之路、繁荣之路、开放之路、绿色之路、创新之路、文明之路、廉洁之路。

2019年4月25日至27日,中国在北京主办第二届"一带一路"国际合作高峰论坛。近40位外国领导人和联合国秘书长、IMF总裁,会聚北京。此外,法国、德国、英国、日本等也将派出领导人委托的高级代表与会。论坛缔结了一大批合作项目,283项务实成果,640多亿美元,成果确实丰硕。论坛的亮点之一是意大利签署了"一带一路"合作协议,这是第一个加入"一带一路"的西方大国,充分显现了"一带一路"的魅力。"一带一路"倡议为拓展国际合作搭建了重要平台,树立了成功范例。"一带一路"成为中国拥抱全球化的最明显表现，也是中国外交的最重要的一张名片。中国正逐渐成为国际规则的重要制定者、国际公共产品的重要贡献者以及国际秩序的重要甚至是主要的领导者。

2019年11月5日至10日，第二届中国国际进口博览会在上海举行，习近平出席第二届中国国际进口博览会开幕式并发表主旨演讲。

第二届进博会交易采购成果按一年计，累计意向成交711.3亿美元，比第一届增长23%，为期六天累计进场超过91万人次。

二、"一带一路"倡议的主要内容

2015年3月28日,国家发展改革委、外交部、商务部联合发布了《推动共建丝绸之路经济带和21世纪海上丝绸之路的愿景与行动》(以下简称《愿景与行动》),对"一带一路"建设的内容有比较全面系统的阐述。

1."一带一路"共建的原则

《愿景与行动》指出共建"一带一路"需遵循五大原则:一要恪守联合国宪章的宗旨和原则①。遵守和平共处五项原则,即尊重各国主权和领土

---

① 联合国的宗旨是维护国际和平与安全;发展国际间以尊重各国人民平等权利及自决原则为基础的友好关系;进行国际合作,以解决国际间经济、社会、文化和人道主义性质的问题,并且促进对于全体人类的人权和基本自由的尊重;作为协调各国行动的中心,以达到上述共同目的。为实现上述宗旨,联合国遵循下列原则:(1)联合国组织基于所有会员国主权平等的原则;(2)各会员国应该忠实履行他们依宪章规定所承担的义务;(3)各会员国应该以和平方法解决他们的国际争端;(4)各会员国在他们的国际关系中不得以不符合联合国宗旨的任何方式进行武力威胁或使用武力;(5)各会员国对联合国依照宪章所采取的任何行动应给予一切协助;(6)联合国在维护国际和平与安全的必要范围内,应确保使非会员国遵循上述原则;(7)联合国组织不得干涉在本质上属于任何国家内管辖的事项,但此项规定不应妨碍联合国对威胁和平、破坏和平的行为及侵略行径采取强制行动。

完整、互不侵犯、互不干涉内政、和平共处、平等互利。二要坚持开放合作。"一带一路"相关的国家基于但不限于古代丝绸之路的范围，各国和国际、地区组织均可参与，让共建成果惠及更广泛的区域。三要坚持和谐包容。倡导文明宽容，尊重各国发展道路和模式的选择，加强不同文明之间的对话，求同存异、兼容并蓄、和平共处、共生共荣。四要坚持市场运作。遵循市场规律和国际通行规则，充分发挥市场在资源配置中的决定性作用和各类企业的主体作用，同时发挥好政府的作用。五要坚持互利共赢。兼顾各方利益和关切，寻求利益契合点和合作最大公约数，体现各方智慧和创意，各施所长，各尽所能，把各方优势和潜力充分发挥出来。2017年5月推进"一带一路"建设工作领导小组办公室发布的《共建"一带一路"：理念、实践与中国的贡献》：秉持"和平合作、开放包容、互学互鉴、互利共赢"的丝绸之路精神，坚持共商、共建、共享原则。

2. "一带一路"框架思路

2015年3月国务院授权国家发改委、外交部、商务部发布的《推动共建丝绸之路经济带和21世纪海上丝绸之路的愿景与行动》指出，"一带一路"倡议的目标建设两条路：一是促进共同发展、实现共同繁荣的合作共赢之路，二是增进理解信任、加强全方位交流的和平友谊之路。

"一带一路"倡议秉持的理念是：和平合作、开放包容、互学互鉴、互利共赢的理念。通过全方位推进务实合作，打造"三个共同体"——政治互信、经济融合、文化包容的利益共同体、命运共同体和责任共同体。2017年5月推进"一带一路"建设工作领导小组办公室发布的《共建"一带一路"：理念、实践与中国的贡献》进一步阐明：共建"一带一路"倡议是促进全球和平合作和共同发展的中国方案。合作的性质是：所有国家不分大小、贫富，平等相待共同参与的合作；公开、透明、开放，为世和平与发展增添正能量的合作；传承丝绸之路精神，追求互利共赢和优势互补的合作；各国共商共建共享，共同打造全球经济治理新体系的合作；推动要素高效流动和市场深度融合，实现多元、自主、平衡和可持续发展的合作；推动地区发展，促进繁荣稳定，扩大文明对话和互学互鉴的合作。通过合作促进各国加强经济政策协调，提高互联互通水平，开展更大范围、更高水平、更深层次的双多边合作，共同打造开放、包容、普惠、平衡、共赢的新型合作架构。

"一带一路"基本走向是："一带一路"贯穿亚欧非大陆，一头是活跃的东亚经济圈，一头是发达的欧洲经济圈，中间广大腹地国家经济发展潜力巨大。丝绸之路经济带重点畅通中国经中亚、俄罗斯至欧洲（波罗的海）；中国经中亚、西亚至波斯湾、地中海；中国至东南亚、南亚、印度洋。21世纪海上丝绸之路重点方向是从中国沿海港口过南海到印度洋，延伸至欧洲；从中国沿海港口过南海到南太平洋。根据"一带一路"走向，陆上依托国际大通道，以沿线中心城市为支撑，以重点经贸产业园区为合作平台，共同打造新亚欧大陆桥、中蒙俄、中国—中亚—西亚、中国—中南半岛等国际经济合作走廊；海上以重点港口为节点，共同建设通畅安全高效的运输大通道。中巴、孟中印缅两个经济走廊与推进"一带一路"建设关联紧密，要进一步推动合作，取得更大进展。2017年5月推进"一带一路"建设工作领导小组办公室发布的《共建"一带一路"：理念、实践与中国的贡献》进一步明确了共建"一带一路"确定了五大方向：丝绸之路经济带有三大走向，一是从中国西北、东北经中亚、俄罗斯至欧洲、波罗的海；二是从中国西北经中亚、西亚至波斯湾、地中海；三是从中国西南经中南半岛至印度洋。21世纪海上丝绸之路有两大走向：一是从中国沿海港口过南海，经马六甲海峡到印度洋，延伸至欧洲；二是从中国沿海港口过南海，向南太平洋延伸。

同时也指出了按照共建"一带一路"的合作重点和空间布局，中国提出了"六廊六路多国多港"的合作框架。

"六廊"是指新亚欧大陆桥、中蒙俄、中国—中亚—西亚、中国—中南半岛、中巴和孟中印缅六大国际经济合作走廊。新亚欧大陆桥经济走廊由中国东部沿海向西延伸，经中国西北地区和中亚、俄罗斯抵达中东欧。新亚欧大陆桥经济走廊建设以中欧班列等现代化国际物流体系为依托，重点发展经贸和产能合作，拓展能源资源合作空间，构建畅通高效的区域大市场。中蒙俄经济走廊是2014年9月11日，中国国家主席习近平在出席中国、俄罗斯、蒙古国三国元首会晤时提出，将"丝绸之路经济带"同"欧亚经济联盟"、蒙古国"草原之路"倡议对接，打造中蒙俄经济走廊。中国—中亚—西亚经济走廊由中国西北地区出境，向西经中亚至波斯湾、阿拉伯半岛和地中海沿岸，辐射中亚、西亚和北非有关国家。中国—中南半岛经济走廊以中国西南为起点，连接中国和中南半岛各国，是中国与东盟扩大合作领域、提升合作层次的重要载体。中巴经济走廊是共建"一带一路"的旗舰项目，中巴两国政府高度重视。孟中印缅经济走廊连接东亚、南亚、东南亚三大次区域，沟通太平洋、印度洋两大海域。2013年12月，孟中印缅经济走廊联合工作组第一次会议在中国昆明召开，各方签署了会议纪要和联合研究计划，正式启动孟中印缅经济走廊建设政府间合作。

"六路"指铁路、公路、航运、航空、管道和空间综合信息网络，是基础设施互联互通的主要内容。铁路合作方面，如中老铁路、中泰铁路、匈塞铁路、雅万高铁、泛亚铁路东线、巴基斯坦1号铁路干线升级改造、中吉乌铁路、中国—尼泊尔跨境铁路、中欧班列等。目前中国高铁在国外参与的已建成、在建或规划中的高铁项目主要有中巴、中吉乌、雅万、安伊、匈塞、亚吉、蒙内、波罗的海高铁、南美大陆的两洋铁路等，中俄高铁项目已经起步。铁路合作方面，以中老铁路、中泰铁路、匈塞铁路、雅万高铁等合作项目为重点的区际、洲际铁路网络建设取得重大进展。泛亚铁路东线、巴基斯坦1号铁路干线升级改造、中吉乌铁路等项目正积极推进前期研究,中国—尼泊尔跨境铁路已完成预可行性研究。中欧班列初步探索形成了多国协作的国际班列运行机制。中国、白俄罗斯、德国、哈萨克斯坦、蒙古、波兰和俄罗斯等7国铁路公司签署了《关于深化中欧班列合作协议》。截至2018年底,中欧班列在中国国内开行城市达56个,已经联通亚欧大陆16个国家的108个城市,累计开行1.3万列,运送货物超过110万标箱,中国开出的班列重箱率达94%,抵达中国的班列重箱率达71%。与沿线国家开展口岸通关协调合作、提升通关便利,平均查验率和通关时间下降了50公路方面,已经形成以重点城市、周边国家、沿边地区、边境口岸、边镇口岸互联互通的公路网。中蒙俄、中吉乌、中俄(大连—新西伯利亚)、中越国际道路直达运输已运行。中吉乌国际道路运输实现常态化运行。中越北仑河公路二桥建成通车。中国正式加入《国际公路运输公约》(TIR公约)。中国与15个沿线国家签署了包括《上海合作组织成员国政府间国际道路运输便利化协定》在内的18个双多边国际运输便利化协定。《大湄公

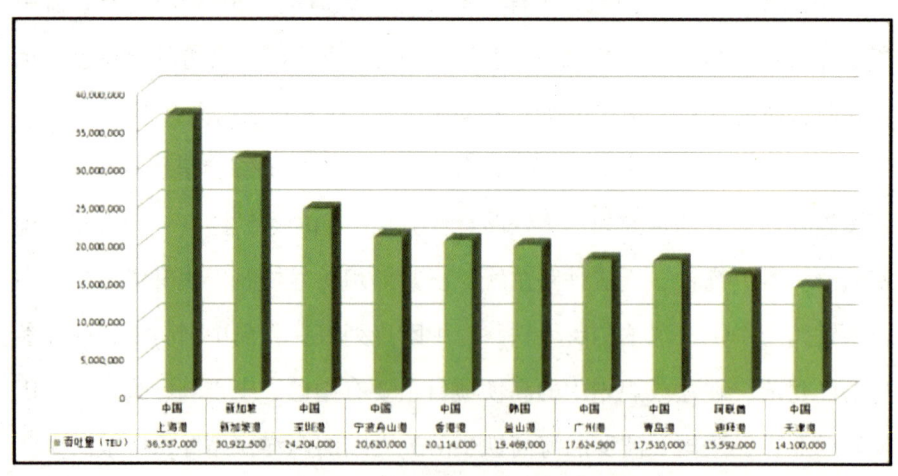

2016年全球十大港口排名

河次区域便利货物及人员跨境运输协定》进展顺利。航空运输方面，中国与126个国家和地区签署了双边政府间航空运输协定。与卢森堡、俄罗斯、亚美尼亚、印度尼西亚、柬埔寨、孟加拉国、以色列、蒙古、马来西亚、埃及等国家扩大了航权安排。与沿线国家新增国际航线1239条，占新开通国际航线总量的69.1%。能源设施建设方面，中国与沿线国家签署了一系列合作框架协议和谅解备忘录，在电力、油气、核电、新能源、煤炭等领域开展了广泛合作。中俄原油管道、中国—中亚天然气管道保持稳定运营，中俄天然气管道东线部分实现通气，2024年全线通气。中缅油气管道全线贯通。通信设施建设方面，中缅、中巴、中吉、中俄跨境光缆信息通道建设取得明显进展。中国与国际电信联盟签署《关于加强"一带一路"框架下电信和信息网络领域合作的意向书》。与吉尔吉斯斯坦、塔吉克斯坦、阿富汗签署丝路光缆合作协议，实质性启动了丝路光缆项目。

"一带一路"沿线有众多国家，中国既要与各国平等互利合作，也要结合实际与一些国家率先合作，争取有示范效应、体现"一带一路"理念的合作成果，吸引更多国家参与共建"一带一路"。"多港"是指若干保障海上运输大通道安全畅通的合作港口，通过与"一带一路"沿线国家共建一批重要港口和节点城市，进一步繁荣海上合作。目前，上海港成为世界第一大港，洋山港四期工程是世界最大的自动化集装箱码头，中国还参与马兰西亚吉隆坡港、缅甸的皎漂特别经济区深水港、科伦坡南港集装箱码头和汉班托塔港、孟加拉国的吉大港、巴基斯坦瓜达尔港、阿联酋哈利法港、希腊比雷埃夫斯港等34个国家42个港口的建设经营。中国与47个沿线国家签署了38个双边和区域海运协定。据统计，截至2019年7月，全球港口吞吐量和集装箱吞吐量排名前10的港口（上海港、新加坡港、深圳港、宁波港、维多利亚港、釜山港、广州港、青岛港、迪拜港、天津港）中，中国港口均占7席，港口货物和集装箱吞吐量连续16年居世界第一，沿海主要港口专业化码头装卸作业效率世界领先。船队规模上升至世界第二位，平均船龄低于世界平均水平近三年，国际海运量占全球海运量的三分之一。中国的国际运输航线往来100多个国家和地区，海运服务网络遍布全球。中国形成了现代航运体系，建成了环渤海、长江三角洲、东南沿海、珠江三角洲、西南沿海地区等五大沿海港口群，构建了煤炭、石油、铁矿石和集装箱等货类专业化运输系统。"六廊六路多国多港"是共建"一带一路"的主体框架，为各国参与"一带一路"合作提供了清晰的导向。

3. "一带一路"建设的合作重点

"一带一路"建设的合作重点主要包括"五通"，即政策沟通、设施联通、贸易畅通、资金融通、民心相通。这"五通"的关系是加强政策沟通是"一带一路"建设的重要保障；基础设施互联互通是"一带一路"建设的优先领域；投资贸易合作是"一带一路"建设的重点内容；资金融通是"一带一路"建设的重要支撑；民心相通是"一带一路"建设的社会根基。

政策沟通就是要加强政府间合作，积极构建多层次政府间宏观政策沟通交流机制，深化利益融合，促进政治互信，达成合作新共识。沿线各国可以就经济发展战略和对策进行充分交流对接，共同制定推进区域合作的规划和措施，协商解决合作中的问题，共同为务实合作及大型项目实施提供政策支持。共建"一带一路"倡议载入国际组织重要文件。共建"一带一路"倡议及其核心理念已写入联合国、二十国集团、亚太经合组织以及其他区域组织等有关文件中。2015年7月，上海合作组织发表了《上海合作组织成员国元首乌法宣言》，支持关于建设"丝绸之路经济带"的倡议。2016年9月，《二十国集团领导人杭州峰会公报》通过关于建立"全球基础设施互联互通联盟"倡议。2016年11月，联合国193个会员国协商一致通过决议，欢迎共建"一带一路"等经济合作倡议，呼吁国际社会为"一带一路"建设提供安全保障环境。2017年3月，联合国安理会一致通过了第2344号决议，呼吁国际社会通过"一带一路"建设加强区域经济合作，并首次载入"人类命运共同体"理念。2018年，中拉论坛第二届部长级会议、中国—阿拉伯国家合作论坛第八届部长级会议、中非合作论坛峰会先后召开，分别形成了中拉《关于"一带一路"倡议的特别声明》《中国和阿拉伯国家合作共建"一带一路"行动宣言》和《关于构建更加紧密的中非命运共同体的北京宣言》等重要成果文件。截至目前，中国与168个国家和国际组织签署了200份共建"一带一路"合作文件。截至2019年底，中国与40个国家建立了投资合作工作组。同时，还与22个国家建立了电子商务合作机制，与14个国家签署了第三方市场的合作文件。共建"一带一路"国家已由亚欧延伸至非洲、拉美、南太等区域。专业领域对接合作有序推进。数字丝绸之路建设已成为共建"一带一路"的重要组成部分，中国与埃及、老挝、沙特阿拉伯、塞尔维亚、泰国、土耳其、阿联酋等国家共同发起《"一带一路"数字经济国际合作倡议》，与16个国家签署加强数字丝绸之路建设合作文件。中国发布《标准联通共建"一带一路"行动计划（2018—2020年）》，与49个国家和地区签署85份标准化合作协议。"一带一路"税收合作长效机制日趋成熟，中国组织召开"一带一路"税收合作会议，发布《阿斯塔纳"一带一路"税收合作倡议》，税收协定合作网络延伸至111个国家和地区。中国与49个沿线国家联合发布《关于进一步推进"一带一路"国家知识产权务实合作的联合声明》。中国组织召开"一带一路"法治合作国际论坛，发布《"一带一路"法治合作国际论坛共同主席声明》。中国组织召开"一带一路"能源部长会议，18个国家联合宣布建立"一带一路"能源合作伙伴关系。中国发布《共同推进"一带一路"建设农业合作的愿景与行动》《"一带一路"建设海上合作设想》等。中国推动建立了国际商事法庭和"一站式"国际商事纠纷多元化解决机制。

设施联通是共建"一带一路"的优先方向。在尊重相关国家主权和安全关切的基础上，由各国共同努力，以铁路、公路、航运、航空、管道、空间综合信息网络等为核心的全方位、多层次、复合型基础设施网络正在加快形成，区域间商品、资金、信息、技术等交易成本大大降低，有效促进了跨区域资源要素的有序流动和优化配置，实现了互利合作、共赢发展。沿线国家加强基础设施建设规划、技术标准体系的对接，共同推进国际骨干通道建设，逐步形成连接亚洲各次区域以及亚欧非之间的基础设施网络。抓住交通基础设施的关键通道、关键节点和重点工程，优先打通缺失路段，畅通瓶颈路段，推进建立统一的全程运输协调机制，促进国际通关、换装、多式联运有机衔接，实现国际运输便利化。推动口岸基础设施建设，畅通陆水联运通道，推进港口合作建设，增加海上航线和班次，加强海上物流信息化合作。拓展建立民航全面合作的平台和机制等，还包括输油、输气管道、区域电网、通信干线网络、跨境光缆、洲际海底光缆等。共建"一带一路"以来，国际经济合作走廊和通道建设取得明显进展，新亚欧大陆桥、中蒙俄、中国—中亚—西亚、中国—中南半岛、中巴和孟中印缅等六大国际经济合作走廊将亚洲经济圈与欧洲经济圈联系在一起，构建高效畅通的亚欧大市场发挥了重要作用；新亚欧大陆桥经济走廊区域合作日益深入，有力推动了亚欧两大洲经济贸易交流。《中国—中东欧国家合作布达佩斯纲要》和《中国—中东欧国家合作索菲亚纲要》对外发布，中欧互联互通平台和欧洲投资计划框架下的务实合作有序推进。匈塞铁路塞尔维亚境内贝旧段开工。中国西部—西欧国际公路（中国西部—哈萨克斯坦—俄罗斯—西欧）基本建成。中蒙俄经济走廊，中蒙俄三国积极推动形成以铁路、公路和边境口岸为主体的跨境基础设施联通网络。中俄同江—下列宁斯阔耶界河铁路桥中方侧工程、黑河—布拉戈维申斯克界河公路桥已完成建设。莫喀高铁项目初步设计进展顺利。三国《关于沿亚洲公路网国际道路运输政府间协定》正式生效。中蒙俄（二连浩特）跨境陆缆系统已建成。中国—中亚—西亚经济走廊在能源合作、设施互联互通、经贸与产能合作等领域合作不断加深。中国与哈萨克斯坦、乌兹别克斯坦、土耳其等国的双边国际道路运输协定，以及中巴哈吉、中哈俄、中吉乌等多边国际道路运输协议或协定相继签署，中亚、西亚地区基础设施建设不断完善。中国—沙特投资合作论坛围绕共建"一带一路"倡议与沙特"2030愿景"进行产业对接，签署合作协议总价值超过280亿美元。中国与伊朗发挥在各领域的独特优势，加强涵盖道路、基础设施、能源等领域的对接合作。中国—中南半岛经济走廊在基础设施互联互通、跨境经济合作区建设等方面取得积极进展。昆（明）曼（谷）公路全线贯通，中老铁路、中泰铁路等项目稳步推进。中老经济走廊合作建设开始启动，泰国"东部经济走廊"与"一带一路"倡议加快对接，中国与柬老缅越泰（CLMVT）经济合作稳步推进。中国—东盟（10+1）合作机制、澜湄合作机制、大湄公河次区域经济合作（GMS）发挥的积极作用越来越明显。中巴经济走廊以能源、交通基础设施、产业园区合作、瓜达尔港为重点的合作布局确定实施。瓜达尔港疏港公路、白沙瓦至卡拉奇高速公路（苏库尔至木尔坦段）、喀喇昆仑公路升级改造二期（哈维连—塔科特段）、拉合尔轨道交通橙线、卡西姆港1320兆瓦电站等重点项目推进顺利。孟中印缅经济走廊方面，孟中印缅四方在机制和制度建设、基础设施互联互通、贸易和产业园区合作、国际金融开放合作、人文交流与民生合作等方面研拟并规划了一批重点项目。中缅成立了中缅经济走廊联合委员会，签署了关于共建中缅经济走廊的谅解备忘录、木姐—曼德勒铁路项目可行性研究文件和皎漂经济特区深水港项目建设框架协议。

贸易畅通是共建"一带一路"的重要内容。共建"一带一路"需要促进了沿线国家和地区贸易投资自由化便利化，消除投资和贸易壁垒，降低了交易成本和营商成本，共同商建自由贸易区，促进沿线国家加强信息互换、监管互认、执法互助的海关合作，加快边境口岸"单一窗口"建设，提升通关能力。加强供应链安全与便利化合作，推动检验检疫证书国际互联网核查，释放了发展潜力，进一步提升了各国参与经济全球化的广度和深度。83 个国家和国际组织积极参与中国发起《推进"一带一路"贸易畅通合作倡议》，中国与沿线国家签署 100 多项合作文件，实现了 50 多种农产品食品检疫准入，海关检验检疫合作不断深化。中国和哈萨克斯坦、吉尔吉斯斯坦、塔吉克斯坦农产品快速通关"绿色通道"已完成建设。中国进一步放宽外资准入领域，营造高标准的国际营商环境，设立了面向全球开放的 12 个自由贸易试验区，并探索建设自由贸易港，吸引沿线国家来华投资。中国平均关税水平从加入世界贸易组织时的 15.3% 降至目前的 7.5%。中国与东盟、新加坡、巴基斯坦、格鲁吉亚等多个国家和地区签署或升级了自由贸易协定，与欧亚经济联盟签署经贸合作协定，与沿线国家的自由贸易区网络体系逐步形成。贸易规模持续扩大。2013 年—2018 年，中国与沿线国家货物贸易进出口总额超过 6 万亿美元，年均增长率高于同期中国对外贸易增速，占中国货物贸易总额的比重达到 27.4%。跨境电子商务等新业态、新模式正成为推动贸易畅通的重要新生力量，贸易方式创新进程加快。2018 年中国与"一带一路"沿线国家货物贸易进出口总额达到 1.3 万亿美元，同比增长 16.3%，高于同期中国外贸增速 3.7 个百分点，占外贸总值的 27.4%。"一带一路"合作行动计划稳步推进。贸易往来持续深化。2018 年，中国企业对沿线国家非金融类直接投资达到 156.4 亿美元，同比增长 8.9%，占同期总额的 13%。沿线国家对华直接投资 60.8 亿美元，同比增长 11.9%。中国与格鲁吉亚自贸协定正式生效，与毛里求斯完成自贸协定谈判，与新加坡签署自贸协定升级议定书，区域全面经济伙伴关系协定（RCEP）谈判取得积极进展，与欧亚经济联盟签署经贸合作协定。

2018年，通过中国海关跨境电子商务管理平台零售进出口商品总额达203亿美元，同比增长50%。2019年全年我国与"一带一路"沿线国家货物贸易超过1.3万亿美元，增长达到6%，占对外贸易总额比重提升2个百分点，达到29.4%。"丝路电商"合作蓬勃兴起，中国与17个国家建立双边电子商务合作机制，在金砖国家等多边机制下形成电子商务合作文件，加快了企业对接和品牌培育的实质性步伐。

资金融通是共建"一带一路"的重要支撑。不断探索创新国际多边金融机构以及各类商业银行投融资模式，积极拓宽多样化融资渠道，深化金融合作，推进亚洲货币稳定体系、投融资体系和信用体系建设。扩大沿线国家双边本币互换、结算的范围和规模。共同推进亚洲基础设施投资银行、金砖国家开发银行筹建，有关各方就建立上海合作组织融资机构开展磋商。开展多边金融合作。在境外发行人民币债券和外币债券，加强金融监管合作，为共建"一带一路"提供稳定、透明、高质量的资金支持。丝路基金与欧洲投资基金共同投资的中欧共同投资基金于2018年7月开始实质性运作，投资规模5亿欧元，有力促进了共建"一带一路"倡议与欧洲投资计划相对接。中国人民银行与世界银行集团下属的国际金融公司、泛美开发银行、非洲开发银行和欧洲复兴开发银行等多边开发机构开展联合融资，截至2018年底已累计投资100多个项目，覆盖70多个国家和地区。2017年11月，中国—中东欧银联体成立，成员包括中国、匈牙利、捷克、斯洛伐克、克罗地亚等14个国家的金融机构。2018年7月、9月，中国—阿拉伯国家银行联合体、中非金融合作银行联合体成立，建立了中国与阿拉伯国家之间、非洲国家之间的首个多边金融合作机制，多边金融合作支撑作用显现。截至2018年底，中国出口信用保险公司累计支持对沿线国家的出口和投资超过6000亿美元。中国银行、中国工商银行、中国农业银行、中国建设银行等中资银行与沿线国家建立了广泛的代理行关系。德国商业银行与中国工商银行签署合作谅解备忘录，成为首家加入"一带一路"银行合作常态化机制的德国银行，金融机构合作水平不断提升。中国不断提高银行间债券市场对外开放程度，截至2018年底，熊猫债发行规模已达2000亿人民币左右。中国进出口银行面向全球投资者发行20亿人民币"债券通"绿色金融债券，金砖国家新开发银行发行首单30亿人民币绿色金融债，支持绿色丝绸之路建设。已有11家中资银行在28个沿线国家设立76家一级机构，来自22个沿线国家的50家银行在中国设立7家法人银行、19家外国银行分行和34家代表处。2家中资证券公司在新加坡、老挝设立合资公司。中国先后与20多个沿线国家建立了双边本币互换安排，与7个沿线国家建立了人民币清算安排，与35个沿线国家的金融监管当局签署了合作文件。人民币国际支付、投资、交易、储备功能稳步提高，人民币跨境支付系统（CIPS）业务范围已覆盖近40个沿线国家和地区。中国—国际货币基金组织联合能力建设中心、"一带一路"财经发展研究中心挂牌成立，金融互联互通不断深化。

民心相通是共建"一带一路"的人文基础。要传承和弘扬丝绸之路友好合作精神，广泛开展文化交流、学术往来、人才交流合作、媒体合作、青年和妇女交往、志愿者服务等，扩大相互间留学生规模，加强旅游合作，强化与周边国家在传染病疫情信息沟通、防治技术交流、专业人才培养等方面的合作，加强科技合作，积极开拓和推进与沿线国家在青年就业、创业培训、职业技能开发、社会保障管理服务、公共行政管理等共同关心领域的务实合作，充分发挥政党、议会交往的桥梁作用，加强沿线国家之间立法机构、主要党派和政治组织的友好往来。加强沿线国家民间组织的交流合作等，为深化双多边合作奠定坚实的民意基础。中国与沿线国家互办艺术节、电影节、音乐节、文物展、图书展等活动，合作开展图书广播影视精品创作和互译互播。丝绸之路国际剧院、博物馆、艺术节、图书馆、美术馆联盟相继成立。中国与中东欧、东盟、俄罗斯、尼泊尔、希腊、埃及、南非等国家和地区共同举办文化年活动，形成了"丝路之旅""中非文化聚焦"等10余个文化交流品牌,打造了丝绸之路（敦煌）国际文化博览会、丝绸之路国际艺术节、海上丝绸之路国际艺术节等一批大型文化节会，在沿线国家设立了17个中国文化中心。中国、哈萨克斯坦、吉尔吉斯斯坦"丝绸之路：长安—天山廊道的路网"联合申遗成功。"一带一路"新闻合作联盟建设积极推进。丝绸之路沿线民间组织合作网络成员已达310家，成为推动民间友好合作的重要平台。中国设立"丝绸之路"中国政府奖学金项目，与24个沿线国家签署高等教育学历学位互认协议。在54个沿线国家设有孔子学院153个、孔子课堂149个。中国与多个国家共同举办旅游年，创办丝绸之路旅游市场推广联盟、海上丝绸之路旅游推广联盟、"万里茶道"国际旅游联盟等旅游合作机制。与57个沿线国家缔结了涵盖不同护照种类的互免签证协定，与15个国家达成19份简化签证手续的协定或安排。俄罗斯、缅甸、越南、蒙古、马来西亚、菲律宾、新加坡等国成为中国主要客源市场。开展援外文物合作保护和涉外联合考古，与6国开展了8个援外文物合作项目，与12国开展了15个联合考古项目。

4."一带一路"建设的合作机制

《愿景与行动》指出：当前，世界经济融合加速发展，区域合作方兴未艾。积极利用现有双多边合作机制，推动"一带一路"建设，促进区域合作蓬勃发展。在合作机制方面主要有三种模式：

一是加强双边合作，开展多层次、多渠道沟通磋商，推动双边关系全面发展。推动签署合作备忘录或合作规划，建设一批双边合作示范。建立完善双边联合工作机制，研究推进"一带一路"建设的实施方案、行动路线图。充分发挥现有联委会、混委会、协委会、指导委员会、管理委员会等双边机制作用，协调推动合作项目实施。

二是强化多边合作机制作用，发挥上海合作组织（SCO）、中国—东盟"10+1"、亚太经合组织（APEC）、亚欧会议（ASEM）、亚洲合作对话（ACD）、亚信会议（CICA）、中阿合作论坛、中国—海合会战略对话、大湄公河次区域（GMS）经济合作、中亚区域经济合作（CAREC）等现有多边合作机制作用，相关国家加强沟通，让更多国家和地区参与"一带一路"建设。

三是继续发挥沿线各国区域、次区域相关国际论坛、展会以及中国进口博览会、博鳌亚洲论坛、中国—东盟博览会、中国—亚欧博览会、欧亚经济论坛、中国国际投资贸易洽谈会，以及中国—南亚博览会、中国—阿拉伯博览会、中国西部国际博览会、中国—俄罗斯博览会、前海合作论坛、丝绸之路（敦煌）国际文化博览会等平台的建设性作用。支持沿线国家地方、民间挖掘"一带一路"历史文化遗产，联合举办专项投资、贸易、文化交流活动，办好丝绸之路（敦煌）国际文化博览会、丝绸之路国际电影节和图书展。倡议建立"一带一路"国际高峰论坛。

三、"一带一路"的重大意义

> 共建"一带一路"倡议源自中国,更属于世界;根植于历史,更面向未来。
> ——《共建"一带一路"倡议:进展、贡献与展望》

"一带一路"建设有着极其重要的意义。对中国而言,是中国走向21世纪实现"两个一百年"的重要举措,也是中国跨越"四大陷阱"、穿越"两大峡谷",由"站起来""富起来"走向"强起来"的必然选择,更是实现丝绸之路复兴和中华民族伟大复兴"两个复兴"的中国智慧、中国方案、中国道路,这是近代以来中国人孜孜以求、不懈奋斗的梦想。当然,更是中国积极参与世界治理、为世界作出更大贡献,体现中国担当、负责的具体体现。对世界而言,"一带一路"是顺应世界多极化、经济一体化、社会信息化、文化多样化要求,让世界人民共享世界发展的成果、构建人类命运共同体的必然要求,也是应对世界发展霸权主义、强权政治、贸易保护主义、零和博弈,共同应对灾难、贫穷、战争等风险挑战的有力举措。

1. "一带一路"是新时代的"丝绸之路",根植于历史,使丝绸之路的复兴成为现实

一部丝绸之路的兴衰史就是一部中华民族发展史、就是一部中国史,丝绸之路从诞生到衰落再到今天复兴,是起起伏伏发展的历史,起源发端于先秦,开通初兴于两汉,兴盛发展于隋唐,曲折发展于五代十国宋夏金时期,元代一度勃兴,明清西北由于民族政权存在逐渐衰落,中国强大的时期就是丝绸之路蓬勃发展的时期,中国分裂的时期就是丝绸之路中断、衰弱的时期,丝绸之路作为"世界历史发展的中轴""世界文化的母胎"在见证中国历史发展的同时,也见证了世界历史的发展,无论是民族西迁还是西域的民族东来,无论是佛教东渐还是东方求法僧的西去,抑或是波斯、阿拉伯等商人到古代中国经商还是古代中国军队开通西域,都是这条丝绸之路真实的演变史,深深地镌刻着历史的印痕,即使被近代西方的探险家揭盖依然那么惊艳地倾诉着东方古老的辉煌文明。今天这条古老的丝路因习近平总书记提出的"一带一路"倡议而显得生机勃勃、熠熠生辉,让这条丝路重获生机,再次回到了诗人的眼中,再次踏上新时代世界发展的路途,为沿线国家、地区、民族发展带来了新的希望,也为中国发展再次回到世界舞台的中央,传承、重塑、创新、创造现代世界文化的母胎、世界新的历史发展中轴提供了无限可能。同时"一带一路"的主线和分布区域仍然是古代丝绸之路的主要线路,唯一变化了的就是历史变迁和时代更替,公路、铁路、现代港口、现代运输工具、现代的信息技术、现代的贸易模式、现代贸易物品取代了过去骆驼、马匹、帆船,除了交易产品遍及所有要素,没有的产品随着需求的提出也在不断被发现、发明、创新、创造出来,这个时代创造的财富要比过去所有时代创造的财富总和还要多。而这些主要归功于世界主要大国特别是今天的东方大国对世界的贡献,丝

绸之路以更新的面貌、更加活跃的交易、更加公平和平的方式为其复兴展现出光明的前景。

2."一带一路"是新时代中国解决发展问题，走向"强起来"实现中华民族伟大复兴的重大举措

中国在新时代遭遇了两个情况：一就是世界面临百年未有之大变局，世界秩序和世界治理格局正在发生"二战"以来大调整大变革大发展的时代。二就是中国特色社会主义进入新时代，中国社会主要矛盾发生了重大转变，变为人民对美好生活的向往与发展不充分不平衡之间的矛盾。一边是中国 GDP 的增长使中国迈入了世界第二大经济体，用习近平总书记的话来说就是中国已"富起来"。按照工业体系完整度来算，目前中国以拥有 39 个工业大类，191 个中类，525 个小类，成为全世界唯一拥有联合国产业分类中全部工业门类的国家。中国也是世界上基建能力最强的大国，十八大以来中国发展取得的成就举世瞩目。但即便是这样，十八大以来中国经济迈入了新常态，各个产业都需转方式调结构，个别产业产能过剩，有些产业属于高耗能、高污染、高排放的"三高"产业，先破坏后治理的路子不能再走了，必须做到天蓝地绿水清，必须做到人与自然和谐相处、山水林田湖草是一个生命体、保护好生态环境建设生态文明。这就需要向全世界配置资源，依靠世界市场，一方面输出过剩产能，缓解国内工业压力；另一方面需要从全世界配置资源满足人民群众对美好生活的向往需要。中国"富起来"依赖国内可以解决，但中国"强起来"仅靠国内是无法满足的，而且"强起来"是相对于世界来说的，那就是要拥有世界的话语权，能够积极参与到世界秩序维护和规则制定中，中国必须走到世界舞台的中央，中华民族必须成为世界民族之林最前列的民族，中国声音、中国方案、中国道路、中国智慧、中国魅力都能够足以吸引世界的目光。古代

丝绸之路之所以强烈地吸引着全球的目光，那是因为它是世界文明的母胎，中华文明也是世界上唯一没有中断的古老文明，每每震撼着世界。用冯友兰先生的话，世界上的文明古国只有中国"亘古亘新、有古有今"绵延不断，不仅创造了古代的辉煌而且一定会创造不久未来的辉煌。大国崛起，必须要走向世界，寻找更加广阔的发展空间，同时为更多人提供更多的产品，这是亘古不变的规律。中国发展进入新时代，中国的产业、中国的产品、中国的商品早已走进古老丝绸之路沿线国家和地区的千家万户，"一带一路"在古代丝绸之路线路上提出并得以共建，让古老的丝路又回到了世界人民的眼中，并且焕发出了无线的生机。随着参与工具共建"一带一路"沿线国家和地区的不断增加，互联互通已经开启，公路、铁路、海路、航路、管路、网路、电路四通八达从古来的中国发出，联通了世界的每一个角落。中国正在迈进世界发展的滚滚洪流之中，引领世界发展的潮流。中国发展不充分不平衡根子在生产力发展水平，表层在东西差距、南北差距、行业差距、部门差距等差距之中，"一带一路"提出根本的在于破解这种不充分不平衡，在于不断提高生产水平，补短板补遗漏，尽最大可能达到相对充分平衡的发展，让每一个地区每一个产业等通过参与"一带一路"建设得到解决；同时也为形成全方位开放的格局，特别是把过去开放的后方面变成开放的前沿，让内陆、中西部、东北部得到发展，这就更大限度地促进了全国的发展，也为全区域、全要素、全行业、全产业等参与全球生产、全球贸易、全球配置、全球消费打开了局面。与其说"一带一路"是解决中国发展问题、实现中华民族伟大复兴的重大举措，毋宁说也是为世界注入活力，促进世界经济发展分享共享中国发展成果重大举措。

3. "一带一路"是世界发展大趋势的必然产物，也是中国积极参与全球治理、促进世界经济发展，为世界经济乃至构建人类命运共同体做出的重大贡献

习近平总书记在推进"一带一路"建设工作5周年座谈会上发表重要讲话强调：共建"一带一路"顺应了全球治理体系变革的内在要求，彰显了同舟共济、权责共担的命运共同体意识，为完善全球治理体系变革提供了新思路新方案。世界经济一体化、社会信息化、文化多样化、第四次工业革命等让世界紧紧连在了一起，中国离不开世界，世界更加离不开中国，中国作为大国已经深深地参与到世界治理之中了。同时，后金融危机时代世界经济复苏仍然缓慢，当前受新冠肺炎疫情影响，世界经济的发展更是蒙上了一层阴影，世界发展的不确定性不断增加，地区之间的战争时有发生，同时贸易保护主义、单边主义、强权政治、霸权主义时时威胁世界经济发展和世界政治安全。习近平主席在中法全球治理论坛闭幕式上发表的《为建设更加美好的地球家园贡献智慧和力量》讲话，深刻指出："面对严峻的全球性挑战，面对人类发展在十字路口何去何从的抉择，各国应该有以天下为己任的担当精神，积极做行动派、不做观望者，共同努力把人类前途命运掌握在自己手中。"完善全球治理体系，共建全球新秩序，构建人类命运共同体，为更多的发展中国家提供发展机会、共享世界发展成果是负责任大国必须做出的重大选择。中国提出"一带一路"倡议，与沿线国家和地区、相关国家和地区共建"一带一路"，搭建以亚投行、丝路基金、金砖国家银行等金融平台，为它们提供资金支持，中国人民币业务被纳入SDR，进一步推动了中国人民币国际化，为世界发展提供了更多的支付手段。中国举办"一带一路"高峰论坛、中国进口博览会、丝绸之路（敦煌）国际文化博览会、博鳌论坛、中阿博览会等，中国与世界各国建设自贸区、

自由港、修建公路、铁路、港口、机场等，构建了世界上四通八达的交通运输网、物流网，中国正在全方位深刻改变和影响着世界的发展，"一带一路"的提出正是顺应了世界发展潮流，中国积极参与全球治理，全球秩序、全球规则、全球标准的制定中，习近平总书记指出：共建"一带一路"正在成为我国参与全球开放合作、改善全球经济治理体系、促进全球共同发展繁荣、推动构建人类命运共同体的中国方案。担负起了促进世界经济发展和构建人类命运共同体的伟大使命。

4."一带一路"是进一步完善我国治理格局和开放格局，促进经济充分和平衡发展的重大举措

"一路一带"将西部地区推到改革开放的前沿，使得第二轮西部大开发具有新鲜且充实的内容，给内陆提供更多的发展机遇，促进地区的经济发展，缩小东西部地区差异，改变东快西慢、海强陆弱的问题，推动区域经济的均衡发展。"丝绸之路经济带"将集沿边开发与区域经济一体化功能于一体，既促进西部开发，也推动区域一体化。在性质上，它是集政治经济、内政外交与时空跨越为一体的历史超越版；在内容上，它是集向西开放与西部开发为一体的政策综合版；在形式上，它是历经几代领导集体谋划国家安全战略和经济战略的当代升级版。随着丝绸之路经济带建设的稳步推进，以西北地区为主要代表的西部地区，不仅可以充分利用丝绸之路经济带提供的广阔市场及丰富资源，而且可以加快承接东部沿海地区产业转移的步伐，同时，投资发展环境将不断得到改善，经济内生增长动力得到加强，将缩小国内东西部的差距，不断改善城乡居民生产生活条件，改变西部落后面貌，降低经济风险，共享经济发展和改革开放的成果，打破经济发展的新常态，从而从根本上实现东西部经济的协调均衡发展，构建海陆统筹、东西互济、面向全球的开放新格局。

"一带一路"甘肃黄金段

古丝绸之路贯穿甘肃境内1600多公里。我讲过，甘肃最大的机遇在于"一带一路"。要找准发力点，加强同沿线省份和国家开展实质性、多领域合作，加快构建内外兼顾、陆海联动、向西为主、多向并进的开放新格局。

甘肃自然风光优美，黄土高原、广袤草原、茫茫戈壁、洁白冰川构成了一幅雄浑壮丽的画卷。提起甘肃，人们就会想到玉门关、月牙泉、敦煌壁画、大漠驼铃、丹霞奇观等。要利用独特的文化遗产和自然遗产优势，统筹旅游资源保护和开发，完善旅游设施和基础服务，放大文化旅游业综合效应。

——2019年8月习近平总书记视察甘肃发表重要讲话

一、丝绸之路经济带甘肃黄金段

甘肃地处中国西北内陆,历史悠久、文化厚重,是中华民族和华夏文明的重要发祥地,"丝绸之路三千里,华夏文明八千年"正是对甘肃历史与文化的高度概括和生动写照。

——甘肃省委书记林铎

1. 甘肃是名副其实的丝绸之路经济带黄金段

甘肃处于西北地区的中心地带,是黄河、长江的重要水源涵养区,甘肃身处中华民族的母亲河黄河的中上游,是中华文明的发祥地之一,黄河流经甘肃长达900多公里,是黄河流域重要的水源涵养区和补给区,是我国西北地区重要的生态屏障,在保障国家生态安全中具有重要地位和作用。纵贯河西走廊的祁连山,是黑河、石羊河、疏勒河三大内陆河的发源地,同时阻挡了腾格里、巴丹吉林、库姆塔格三大沙漠的汇合和南侵,千百年来维系着沙漠绿洲的生态平衡,也维系了丝绸之路的生命力,是西北乃至全国的重要生态安全屏障。甘肃是我国农业文化农耕文明起源地之一。甘肃地处欧亚大陆桥重要区段,既是丝绸之路经济带互联互通的战略通道,也是我国向西开放的重要门户,是联系欧亚大陆桥的战略通道和沟通西南、西北的交通枢纽,丝绸之路和亚欧大陆桥横贯全境,绵延1600多公里,自古就是丝绸之路的黄金段,历来是我国向西开放的咽喉要道和商埠重地,今天是融入国际陆海贸易新通道、实现了丝绸之路经济带与21世纪海上丝绸之路的有效连接、大西北与大西南的有效联结的西北地区的关键节点,也是联系联通"三大经济走廊"的重要通道,是"丝绸之路经济带"上真正的黄金段。甘肃是全国重要的老工业基地,是发展潜力比较突出、优势比较明显的省份,是全国重要的新能源基地。甘肃有一定科技基础,国防科技工业实力比较雄厚,国家重要军工生产基地之一。甘肃是一片红色土地,在中国革命历史进程中发挥了不可替代的重要作用。今天又是"丝绸之路经济带"的重要组成部分,在维护丝绸之路和谐安全、保障物流人流信息流畅通中担负着不可替代的责任,在推动丝绸之路发展、深化各领域合作中具有广阔的空间,在提升中国文化软实力、扩大中国文化国际影响力方面具有重要作用,有望成为建设繁荣丝路、人文丝路、绿色丝路、和谐丝路的中坚力量和重要支撑。这一段上的丝绸之路节点城市最为密集,武威、张掖、酒泉、嘉峪关、敦煌等等,有着十分重要的历史地位和代表性。

2. 甘肃深度融入"一带一路"建设

2015年3月经国务院授权国家发改委、外交部、商务部发布的《推动共建丝绸之路经济带和21世纪海上丝绸之路的愿景与行动》中指出:"发挥陕西、甘肃综合经济文化和宁夏、青海民族人文优势,打造西安内陆型改革开放新高地,加快兰州、西宁开发开放,推进宁夏内陆开放型经济试验区建设,形成面向中亚、南亚、西亚国家的通道、商贸物流枢纽、重要产业和人文交流基地。"提出甘肃要发挥综合经济文化,加快兰州开发开放,形成面向中亚、南亚、西亚国家的通道、商贸物流枢纽、重要产业和人文交流基地。

2014年5月甘肃省委、省政府正式印发了《"丝绸之路经济带"甘肃段建设总体方案》(以下简称《方案》),按照国家赋予甘肃省的重大战略定位,坚持团结互信、平等互利、包容互鉴、合作共赢的理念,坚持主动作为、服务大局,立足当前、着眼长远,点轴结合、全面带动,扩大开放、深度合作,政府推动、市场主导的原则,加快"丝绸之路经济带"甘肃段建设,甘肃已就交通、能源、产业、经贸、文化旅游、对外合作、民间交流等多方面做出了具体规划,并明确了牵头部门,以期推进甘肃省与丝绸之路沿线国家的交流合作,把甘肃打造成"丝绸之路经济带"黄金段。《方案》提出,要充分发挥甘肃在地理区位、历史文化、资源能源和产业基础等优势,紧紧围绕建设"丝绸之路经济带"甘肃黄金段,着力构建兰州新区、敦煌国际文化旅游名城和"中国丝绸之路博览会"三大战略平台;重点推进道路互联互通、经贸技术交流、产业对接合作、经济新增长极、人文交流合作、战略平台建设等六大工程,进一步提升兰(州)白(银)、酒(泉)嘉(峪关)、金(昌)武(威)、平(凉)庆(阳)、天水、定西、张掖、敦煌等重要节点城市的支撑能力,努力把甘肃建设成为丝绸之路的黄金通道、向西开放的战略平台、经贸物流的区域中心、产业合作的示范基地、人文交流的桥梁纽带,努力使甘肃成为建设繁荣丝路、人文丝路、绿色丝路、和谐丝路的中坚力量和重要支撑。

2015年3月26日甘肃省人民政府印发《丝绸之路经济带甘肃段"6873"交通突破行动实施方案》,提出从2015年起集中6年时间,完成交通投资8000亿元以上,建成公路、铁路7万公里,到2020年,实现全省对内对外公路畅通(实现县县通高速、乡镇通国省道、村村通沥青或水泥路、省际出口路和口岸公路畅通)、铁路连通(高速铁路贯通丝绸之路经济带甘肃段,市州高速铁路网覆盖10个市州)、航路广通(与丝绸之路经济带沿线国家重要节点城市航线开通,与国内省会城市和重要旅游、商贸城市航线直通）3大突破目标。

2015年7月7日甘肃省人民政府办公厅印发《关于进一步加快"6873"交通突破行动公路建设重点项目前期工作的通知》以从国家层面和省级层面交通设施建设项目推进，进一步推动《丝绸之路经济带甘肃段"6873"交通突破行动实施方案》落实，推动甘肃加强"设施联通"深度融入"一带一路"建设。

2015年12月，甘肃省政府出台《甘肃省参与丝绸之路经济带和21世纪海上丝绸之路建设的实施方案》，提出打造丝绸之路经济带甘肃黄金段的"一大构想"，着力构建"三大平台""六大窗口""八大节点城市"，推进"五大重点工程建设"的发展战略（简称"13685"战略），并且在国家深入实施"一带一路"建设和"西部大开发"战略带来的双重政策、机遇下，进一步统筹国际国内合作，把甘肃打造成为中国向西开放重要门户和次区域合作战略基地，期望到21世纪中叶实现"五通"目标，将甘肃打造成为"一带一路"国际经济贸易文化合作黄金走廊。一大构想：打造丝绸之路经济带甘肃黄金段，即以"丝绸之路经济带"甘肃境内重要节点城市为依托，发挥产业园区、经贸物流园区和保税物流园区集聚科技、金融、人才要素平台作用，深化经贸、产业、能源、人文交流合作，全面构建铁陆航多式联运的丝绸之路经济带黄金经济走廊，努力建成向西开放的纵深支撑和重要门户、丝绸之路的综合交通枢纽和黄金通道、经贸物流和产业合作的战略平台、人文交流合作的示范基地。三大平台：即着力打造经济、文化和经贸合作三大战略平台——以兰州新区为重点的向西开放经济战略平台；以丝绸之路（敦煌）国际文化博览会和华夏文明传承创新区为重点的文化交流合作战略平台；以中国兰州投资贸易洽谈会为重点的经济贸易合作战略平台。六大窗口：即依托我国在沿线国家建立的产业园区和境外经贸合作区，积极建设面向六大国际经济走廊（新亚欧大陆桥经济走廊、中蒙俄经济走廊、中国—中亚—西亚经济走廊、中国—中南半岛经济走廊、中巴经济走廊、孟中印缅经济走廊）多国为重点的经贸合作与人文交流的对外窗口八大节点城市：即兰（州）白（银）、平（凉）庆（阳）、天水、定西、金（昌）武（威）、张掖、酒（泉）嘉（峪关）、敦煌八大节点城市。进一步提升兰（州）白（银）、平（凉）庆（阳）、天水、定西、金（昌）武（威）、张掖、酒（泉）嘉（峪关）、敦煌重要节点城市的支撑能力，坚持差异化定位和协同化发展，着力构建特色鲜明、分工协作、相互促进、优势互补的对外开放新格局。其中,兰（州）白（银）节点主要围绕大兰州、大窗口、大商贸、大枢纽、大产业的功能定位，发挥中心城市辐射带动作用，打造区域性金融中心、总部中心、铁陆航多式联运中心、东西方文化和民族文化交流人才培训中心、国际消费中心，建设祖国版图中轴线以西最大城市群。敦煌节点要充分发挥敦煌在古丝绸之路上的独特历史文化资源优势，积极推进敦煌国际文化旅游名城建设，办好丝绸之路（敦煌）国际文化博览会等活动，提升敦煌的国际影响力，将敦煌打造成为丝绸之路国际文化旅游名片和国际旅游目的地。五大重点工程建设：基础设施互联互通、经贸产业合作、人文交流、生态建设、金融创新支持五个方面的重大工程建设任务。具体来看就是：①着力加强基础设施建设，推进互联互通。包括加快推进兰州、嘉峪关、敦煌三大国际空港和兰州、天水、武威三大国际陆港建设，构建铁陆航多式联运中心，利用已建成的兰州北货运编组站，在建的兰州铁路综合货场、兰州铁路集装箱中心站和甘肃省已开通的天马号、兰州号、嘉峪关号国际货运班列，整合渝新欧、蓉新欧、郑新欧、西新欧等国际货运资源，将兰州建成服务于全国、面向中亚、西亚的国家级综合交通枢纽。同时，进一步提升天水、武威、酒嘉综合交通枢纽地位。②着力推进经贸技术交流，加强国际产能和装备制造合作。包括加快推进口岸建设，运营好兰州新区综合保税区，力争将武威保税物流中心升格为综合保税区,争取嘉峪关机场口岸开放、马鬃山口岸复关,支持临夏、敦煌等有条件地区设立海关特殊监管区。发挥甘肃省石油化工、有色冶金、装备制造等传统领域技术优势,加强境外产业合作和投资。充分发挥甘肃省铜冶炼、电解铝、钢铁、水泥等行业技术成熟、产能相对富余等优势,推动向产能不足、投资环境宽松、连接通道顺畅的地区和国家转移。③着力推进人文交流合作,提升开放共建水平。发挥甘肃省石油化工、有色冶金、机械电子和新能源、新材料、旱作节水技术、高效设施农业、荒漠化防治等领域的技术优势,与"一带一路"国家共建研究中心、技术转移中心、农业科技园区、技术推广示范基地,扩大技术输出和合作。三是依托丝绸之路(敦煌)国际文化博览会、兰洽会、敦煌行·丝绸之路国际旅游节等大型节会平台,大力发展节会和展会经济。④着力构建生态安全屏障,打造绿色丝绸之路。加快祁连山、渭河源区、"两江一水"等重大生态保护规划实施和重点生态工程建设,对河西内陆河、中部沿黄、甘南高原、南部秦巴山、陇东陇中黄土高原等五大片区实施分区域综合治理。加强生态建设和环境保护国际交流合作,发挥甘肃省在内陆河流域生态治理、风沙源防护林建设、雨水集蓄利用、野生动植物保护等方面的技术优势。⑤着力强化金融创新,加大金融政策支持。包括加大政策性金融支撑。发挥国家开发银行等国家开发性、政策性金融机构和地方金融机构的作用,全力支持基础设施建设和特色优势产业龙头企业走出去。强化金融产品与服务创新。引导金融机构根据不同类型的涉外企业和建设项目的信贷需求特征,深化金融产品与服务创新,提供个性化、多元化、专业化的金融产品。

2016年9月12日,以"携手丝路,面向世界"为主题的2016"一带一路"中国(兰州)国际跨境电商物流大会在兰州召开,为进一步推动"一带一路"城市、企业间相互沟通,促进跨境电商物流业务加快发展,探索跨境电商物流产业发展的政策导向和运营模式提供了新路径。

2016年9月20日首届以推动文化交流、共谋合作发展为主题的丝绸之路（敦煌）国际文化博览会在敦煌隆重开幕，来自85个国家、5个国际组织的95个外国代表团应邀出席首届敦煌文博会，66个国外机构、434位国外宾客参加论坛、年展和演出，还有6位外国政要、前政要出席会议并发表演讲。大会涉及国家之多、规模之大、层次之高，在国内外同类博览会中都不多见，为丝绸之路沿线各国合作交流和促进"一带一路""民心相通"提供了一个重要平台。

2017年9月20日以"加强文化交流与合作、推动文化创新繁荣"为主题的第二届丝绸之路国际文化博览会在甘肃敦煌开幕。共有来自51个国家和国内各方面的近500位嘉宾参会。

2017年8月31日，重庆、广西、贵州、甘肃四省区市签署《关于合作共建中新互联互通项目南向通道的框架协议》，一致同意探索合作建设中新南向通道，甘肃成立了甘肃南向通道建设推进组，下设铁海联运、贸易和通关一体化、人文旅游、临海飞地经济、大数据5个工作小组，全力打造国际陆海贸易新通道，力争将兰州打造成为南下东进和北上西出货运班列的集结编组枢纽和集散中心。

2018年2月28日甘肃省人民政府办公厅公开发布《甘肃省合作共建中新互联互通项目南向通道（南向通道到重庆、贵州、广西，再到东南亚、印度洋）工作方案（2018—2020年）》，对积极推进国家"一带一路"建设，构建开发开放新格局，加强与东南亚、中亚、南亚等区域经贸合作，实现丝绸之路经济带、"21世纪海上丝绸之路"及长江经济带的有机连接具有重要意义，加快构建甘肃内外兼顾、陆海联动，向西为主、多向并进、东进、西出、南拓、北展的开放新格局的重大举措。

2018年9月27日，以"展现丝路风采、促进人文交流、让世界更加和谐美好"为主题的第三届丝绸之路（敦煌）国际文化博览会在敦煌国际会展中心开幕，近100个国家和地区及国际组织的代表团参会，1300名国内外嘉宾出席会议。

2019年7月30日，以"文旅繁荣丝路，美丽战胜贫困"为主题的第四届丝绸之路（敦煌）国际文化博览会和第九届敦煌行·丝绸之路国际旅游节在甘南藏族自治州合作市举行，8月31日至9月5日在敦煌市举行了闭幕式。期间举办"论、展、演、游、贸、创"六大类23项主体活动，"论"将凝聚智慧共识，"展"将凸显美美与共，"演"将荟萃文艺精品，"游"将展示丝路魅力，"贸"将聚焦务实合作，"创"将激发产业动能，积极担负国家使命，全方位推动甘肃深度融入"一带一路"。

2019年8月12日甘肃省十三届省政府第62次常务会议紧密对接国家战略、紧密结合甘肃实际的重大决策部署，审议通过《新时代甘肃融入"一带一路"抢占"五个制高点"规划》，提出在新时代甘肃融入"一带一路"，抢占文化、枢纽、技术、信息、生态"五个制高点"。坚持扩大开放，坚持创新驱动，坚持生态保护，突出推进交通水利基础设施建设、突出打造全省新的增长点增长极增长带为支撑，把资源优势和区位优势转变为发展优势和竞争优势，使甘肃在一些领域从"跟跑"变为"并跑"，在部分领域争取"领跑"，最终实现绿色发展崛起，努力走出一条内陆欠发达地区开放发展引领经济转型升级的新路子。

2019年12月5日甘肃省人民政府印发《新时代甘肃融入"一带一路"建设打造文化制高点实施方案》《新时代甘肃融入"一带一路"建设打造枢纽制高点实施方案》《新时代甘肃融入"一带一路"建设打造技术制高点实施方案》《新时代甘肃融入"一带一路"建设打造信息制高点实施方案》《新时代甘肃融入"一带一路"建设打造生态制高点实施方案》，提出，在文化上将甘肃省建设成文化遗产研究保护、传承弘扬、创新利用的新高地，丝路精神和时代精神融合的新典范，服务共建"一带一路"民心相通的新样板，使敦煌文化、长城文化、黄河文化、始祖文化、红色文化、民族民俗文化成为"一带一路"文化的重要标志和优秀代表，不断扩大"交响丝路·如意甘肃"的国际知名度和影响力。在交通枢纽建设上，到2020年与西部陆海新通道有效对接，以兰州为中心的国际陆港和国际空港功能更加完备。到2025年使全省交通物流体系、跨境贸易体系、对外开放平台体系更加完善，基本建成向西开放为主、融入"一带一路"的大通道、大平台，通道物流产业增加值占全省GDP比重提高到5%。在技术上，到2025年将甘肃建成为西部高端引领型产业研发集聚区、创新驱动发展示范区、协同创新核心支撑区。在信息上，到2025年使甘肃信息制高点动能初步显现，数据信息产业成为经济社会发展的绿色新引擎，基本建成丝绸之路信息港。在生态上，到2025年形成经济社会和资源环境统筹协调发展的格局，生态产业和生态环境对"一带一路"建设的支撑服务功能明显增强。

2019年12月29日甘肃省人民政府批复《大敦煌文化旅游经济圈发展规划（2019—2030年）》（酒政发〔2019〕133号）（以下简称《规划》），《规划》以习近平新时代中国特色社会主义思想为指导，全面贯彻党的十九大和十九届二中、三中、四中全会精神，深入贯彻习近平总书记视察甘肃重要讲话和指示精神，充分挖掘敦煌文化和历史遗存背后蕴含的哲学思想、人文精神、价值理念、道德规范等，揭示蕴含其中的中华民族文化精神、文化胸怀和文化自信，充分发挥敦煌的龙头带动作用，力争将大敦煌文化旅游经济圈建成世界文化旅游圣地、敦煌国际显学研修中心、丝绸之路文化制高点、国家文化旅游融合示范区、甘肃省绿色发展重要增长极。《规划》有助于进一步推动敦煌在"一带一路"建设中发挥世界性敦煌文化在"民心相通"中的作用，体现中国智慧！

二、甘肃推进丝绸之路经济带黄金段建设取得的成就

1. 甘肃推进丝绸之路经济带黄金段建设深度融入"一带一路"取得的成就

（1）政策沟通进展明显

"一带一路"倡议与东盟互联互通总体规划、非盟2063年议程、欧亚经济联盟、欧盟欧亚互联互通战略等区域发展规划和合作倡议有效对接；共建"一带一路"倡议及其核心理念已被纳入联合国、二十国集团、亚太经合组织、上合组织等重要国际机制成果文件，成为推动地区和平与发展的重要途径，实现联合国2030年可持续发展目标的重要平台。2016年11月，联合国193个会员国协商一致通过决议，欢迎共建"一带一路"等经济合作倡议，呼吁国际社会为"一带一路"建设提供安全保障环境。2017年3月，联合国安理会通过第2344号决议，首次载入"人类命运共同体"理念。截至2019年8月底，中国政府已与126个国家和29个国际组织签署174份合作文件，这些国际组织、国家间的合作文件，为国家、甘肃省深化"一带一路"人文交流与合作铺平了国际政策道路和提供了基本遵循。

"一带一路"建设正在从谋篇布局的"大写意"变为精耕细作的"工笔画"。政策沟通在"一带一路"相关国家和地区政治制度、发展方式、文化传统不一下实现了联动发展。"一带一路"建设从无到有、由点及面,进度和成果远远超出预期,与沿线国家设施联通和产能合作发展迅速。政策沟通、战略对接、规划衔接至关重要,更深入、更顺畅的对接未来可期。

国家层面的政策引导主要有以下几个文件:一是2015年3月国家发改委等部委联合发布的《推动共建丝绸之路经济带和21世纪海上丝绸之路的愿景与行动》,从八个方面阐述了中国与丝路沿线国家共建丝绸之路经济带和21世纪海上丝绸之路的愿景和行动,标志着"一带一路"进入全面推进阶段。2017年5月推进"一带一路"建设工作领导小组办公室发布的《共建"一带一路":理念、实践与中国的贡献》,从五个方面对"一带一路"倡议进行了梳理。2019年4月推进"一带一路"建设工作领导小组办公室发表《共建"一带一路"倡议:进展、贡献与展望》报告,从六个方面对共建"一带一路"的进展情况进行了说明。2016年12月,文化部印发了《"一带一路"文化发展行动计划(2016—2020年)》,全面规划了我国"一带一路"人文交流、文化发展。在旅游方面,中国与"一带一路"沿线多个国家共同举办旅游年,形成了覆盖多层次、多区域的"一带一路"旅游合作机制。2017年7月,中办、国办印发了《关于加强和改进中外人文交流工作的若干意见》。2016年7月教育部印发了《推进共建"一带一路"教育行动》。中国与"一带一路"沿线国家签署了多项政府间合作协定,出台了多个行动计划,这些意见、协定、计划都为国家和甘肃省人文交流与合作给予有力支撑和基本遵循。随着各国政策沟通走向深入,"一带一路"的朋友圈越来越大,发展战略对接步伐不断加快。截至目前,中方已经与126个国家和29个国际组织签署了170多份合作文件。2019年3月下旬,中国与意大利签署了"一带一路"倡议谅解备忘录,这是首个G7国家正式加入"一带一路"。从古丝绸之路到"一带一路",意大利与中国的往来跨越千年。4月,《中华人民共和国政府与牙买加政府关于共同推进丝绸之路经济带和21世纪海上丝绸之路建设的谅解备忘录》签署。越来越多的国家和地区把自己的发展战略,包括俄罗斯的"欧亚经济联盟"、蒙古国的"草原之路"、越南的"两廊一圈"、柬埔寨的"四角"战略、欧盟的"容克计划"、非洲国家的工业化战略等,与中国的"一带一路"倡议相对接。

省内政策引导层面,2014年,甘肃省委、省政府印发了《"丝绸之路经济带"甘肃段建设总体方案》,提出要紧紧围绕建设"丝绸之路经济带"甘肃黄金段,着力构建兰州新区、敦煌国际文化旅游名城和"中国丝绸之路博览会"三大战略平台,重点推进包括人文交流与合作在内的六大工程,努力把甘肃省建设成为丝绸之路的黄金通道、人文交流的桥梁纽带。2015年3月出台《甘肃省参与丝绸之路经济带和21世纪海上丝绸之路建设的实施方案》。2016年8月,甘肃省发布《甘肃省"十三五"开放型经济发展规划》,提出深入实施"一带一路"倡议,要密切科技教育旅游卫生等人文交流,将中国兰州投资贸易洽谈会打造成为推进丝绸之路甘肃黄金段建设的国际合作平台和丝绸之路品牌经贸盛会。2017年8月,甘肃、重庆、广西、贵州四省区市签署《关于合作共建中新互联互通项目南向通道的框架协议》,下设人文旅游等5个工作小组,全力打造国际陆海贸易新通道。2018年初,甘肃明确将打造文化、枢纽、技术、信息、生态"五个制高点"作为甘肃中长期经济社会发展的重大战略。意在国内外尤其是面向中西亚、南亚、服务国家"一带一路"建设的文化高地、交通物流集散枢纽、科技创新中心、信息汇集中心和生态安全屏障。此外,在卫生、医药、旅游等领域,甘肃省也已与"一带一路"沿线多个国家积极开展了双边、多边的人文交流合作。

（2）设施联通取得重大进展

2014年兰新高铁的开通，成为一条横贯甘肃、青海、新疆三省区的铁路大动脉，大大提升了亚欧大陆桥铁路通道的运输能力，进一步联通了甘肃、青海、新疆三省区，构筑起了西北交通网的主动脉，为向西开放战略实施和丝绸之路经济带建设提供了便利的交通条件，也为西北地区人、财、物交流、交易、运输创造了条件，为经济增长、社会稳定提供了强劲的动力。2015年9月，中川城际铁路与兰州机场综合交通枢纽同期建成投运，使兰州机场成为我国继上海虹桥机场后，第二个集民航、铁路、公路无缝换乘的机场。2016年建成投运东川铁路物流中心，是国家一级铁路物流基地、全国18个铁路集装箱中心站之一，已累计实现各类货物吞吐量达256万吨。2017年7月，宝鸡至兰州高速铁路建成投入运营，打通了西部高铁与中国高铁网"最后一公里"，成为加快西北地区与中东部地区经贸合作、人文交流的重要通道。2017年9月29日兰渝铁路全线通车运营，重庆北上经甘肃、新疆再到中亚、欧洲，全程可缩短近700公里，为甘肃南向开放、对接21世纪海上丝绸之路提供强有力的支撑。兰州新区中川北站作为中亚班列发运地，兰州作为南亚班列和南向通道货运班列发运地，基础设施建设进一步完善。目前陇海、兰新、兰青、兰渝、宝兰、兰成、包兰等10个方向的铁路干线交汇兰州，使兰州形成全国八横八纵铁路网的西北枢纽，也是"渝新欧"等中欧班列的必经之地。"一带一路"建设以来，甘肃省共新建、改建农村公路7.7万公里。截至目前，初步形成以县城为中心、乡镇为节点、村为网点，遍布农村、连接城乡的农村公路交通网络。兰州机场已成为西部重要的枢纽机场。兰州机场综合交通枢纽实现当年立项、当年建成投运，二期扩建项目全面完成，T1航站楼完成改造并投入使用；兰州机场三期扩建项目正按照总体规划积极推进。敦煌机场T3航站楼经过改造具备了E类飞机备降条件。目前，甘肃已建成兰州、嘉峪关、敦煌三大国际空港,兰州、天水、武威三大国际陆港,建成国际贸易"单一窗口",完善一次申报、一次查验、一次放行和信息互换、监管互认、执法互助等服务体系,完成通关一体化改革。兰州铁路集装箱场站获准对外开放,兰州铁路口岸成为甘肃省历史上第一个铁路开放口岸。兰州中川国际机场获准开展口岸签证业务、获批成为进口冰鲜水产品及水果指定口岸,武威保税物流中心获批成为国内第二个内陆进境木材监管区,嘉峪关航空口岸被列入国家"十三五"口岸发展规划。

(3) 贸易畅通效果卓著

随着"一带一路"黄金通道持续建设,甘肃通过中欧、中亚、南亚、中新南向四大通道转化为贸易优势逐渐显现。2018年,甘肃与"一带一路"沿线国家贸易进出口172.9亿元(人民币,下同),增长18.6%,成为该省外贸增长新亮点。2018年,甘肃省对外贸易总值达到394.7亿元,较去年同期增长21.2%,高于全国11.5个百分点,同期进出口、出口、进口增速分列全国第7位、第3位和第11位。其中,对欧盟进出口44.7亿元,增长45.5%;对东盟进出口29.9亿元,增长23.3%。2018年,兰州海关全力支持甘肃融入国家"一带一路"建设,发运"南向通道"国际货运班列23列,货值4000万美元;中欧班列91列,货值1.5亿美元。敦煌航空口岸通过省级验收,兰州国际陆港B型保税物流中心、汽车整车进口指定口岸、粮食指定口岸建设有序推进,进口冰鲜水产品、进境水果指定口岸,肉类指定查验场正式运营。新区铁路口岸跨境电商直购、综保区保税网购业务正式开办。甘肃抢抓"一带一路"这个最大机遇的载体,即东连重点是巩固传统的对外贸易渠道;向西重点是深化与白俄罗斯、巴基斯坦等国家的经贸合作,抓好中亚、中欧班列的常态化运营;南向重点是深度融入西部陆海新通道,扩大与新加坡、尼泊尔等国家的经贸合作;北拓重点是促进与蒙古国的商贸交流。2019年前10个月,甘肃对"一带一路"沿线国家和相关国家机电产品进口21.2亿元,增长0.1%。矿产品进口122.2亿元,增长12.1%。农产品出口14.5亿元。其中,蔬菜出口2.1亿元,增长46.7%;鲜苹果出口4.6亿元,下降11.8%。劳动密集型产品出口7.1亿元,增长1.2倍。其中,服装及衣着附件出口2.8亿元,增长2.9倍,灯具、照明装置及零件出口1.2亿元,增长45.4%。东盟为甘肃第二大贸易伙伴,对东盟进出口贸易总值33.3亿元人民币,增长34.7%,占全省进出口总值的11%。哈萨克斯坦、欧盟分别为甘肃省第一、三大贸易伙伴。甘肃与哈萨克斯坦贸易总值43.6亿元,占全省外贸总值的14.4%;与欧盟贸易总值为31.8亿元,占全省外贸总值的10.5%。同期,甘肃对"一带一路"沿线国家进出口贸易总值164亿元,占甘肃省外贸总值的54.3%,占比提升3.6个百分点。2019年1至11月与"一带一路"沿线国家贸易继续扩大,贸易额达186.3亿元,占全省进出口总值的54.2%。

(4)民心相通体现国家担当

国之交在于民相亲,民相亲在于心相通。深化人文交流互鉴,正是消除隔阂和误解、促进民心相知相通的重要途径。人文交流是民心相通的主要内核,而文化交流是人文交流中最引人注目的风景线。甘肃积极贯彻落实我国与"一带一路"沿线国家和地区签订的文化合作(含文化遗产保护)协定、年度执行计划、谅解备忘录等政府间文件,第一时间制定出台《"丝绸之路经济带"甘肃段建设总体方案》,对"一带一路"人文交流与合作进行跨行业、跨部门、跨区域、跨所有制的通盘设计统筹规划,提出通过"三大战略平台"建设,推进"人文交流与合作"工程,把甘肃建成"人文交流的桥梁纽带"的目标,重点举办和打造丝绸之路(敦煌)国家文化博览会、敦煌国际旅游文化名城,积极融入"丝绸之路国际剧院联盟"等五大联盟,与"一带一路"沿线地区重点国家和国际组织逐步建立城际文化交流合作机制、对口合作机制,共同研究制定中长期合作规划,商定了人文交流与合作总体布局，和统筹推进人文交流与合作共同行动。不断加强与"一带一路"沿线国家和地区政府之间的高层磋商对话机制，创新高级别人文交流机制，与俄罗斯、哈萨克斯坦等"一带一路"沿线33个国家和省州建立了友好关系，以高层磋商推动人文交流与合作的深入发展。借助丝绸之路（敦煌）国际文化博览会、"兰洽会"、深圳文博会等平台，强化人文政策沟通、资源对接、交流合作，加强与各国之间、文化企业、学术机构、社会团体、专家学者的文化交流，把文化合作作为人文交流与合作的重要组成部分和先行先试、引领示范重要合作交流平台，这是甘肃创新驱动拓展机制的突出表现。甘肃始终坚持把官方和民间互动、走出去和引进来双通道、国家设计和基层诉求相呼应紧密结合起来，积极促进民间人文交流与合作，激发民间交流合作的潜力、活力，积极引导海外华侨华人、留学人员、专家学者、志愿者以及在海外投资的中资企业积极参与人文交流。加强智库对接、学者互动、青年培训和艺术家互访等，鼓励专业化、国际化的社会组织和民间力量参与人文交流具体项目运作，扩大交流范围，扩大交流影响。以兰州大学、西北师范大学和西北民族大学等高校为主干，实施了"多语种+"人才培养战略，积极开展语言互通工作的同时，更加注重深入了解语言对象国的社会、历史与文化，不断拓展和丰富语言互通的领域与内涵，推动"一带一路"人文交流与合作不断深入发展。锦绣实业有限公司、南特数码、庆阳凌云服饰集团有限公司、庆阳岐黄文化传播有限公司入选国家文化出口重点企业，舞剧《丝路花雨》、庆阳香包入选国家文化出口重点项目。利用敦煌文博会、深圳文博会、兰洽会等重要平台，加大文化创意及产品的开发销售，推进文创品牌产业化发展。组织甘肃文化机构和企业参加"第八届海峡两岸文化创意产业展"，举办"互联网+丝绸之路文化文物IP设计与产业"对接会、IP资源推介会、洽谈会，与境内外多家文创机构达成合作意向。舞剧《大梦敦煌》先后在海外

16个国家累计商演100余场，尤其是2017年在德国10个城市商演22场，甘肃华源集团示范带动甘肃文化企业开展人文交流与合作的品牌建设，取得较好的经济效益和国际影响。甘肃的洮砚、甘南唐卡、天水漆器、庆阳皮影、定西草编、张掖民族服饰、平凉剪纸和崆峒武术等众多具有浓郁特色的非遗文化产品纷纷开拓海外市场。

三、丝绸之路（敦煌）国际文化博览会的重大意义

丝绸之路（敦煌）国际文化博览会，是目前唯一以"一带一路"国际文化交流为主题的综合性博览会，是"一带一路"建设的重要载体，是丝绸之路沿线国家人文交流合作的战略平台，承载着重要的国家使命。博览会以"推动文化交流、共谋合作发展"为宗旨，以丝绸之路精神为纽带，以文明互鉴与文化交流合作为主题，以实现民心相通为目标，着力打造国际化、高端化、专业化的国家级文化博览会，成为中国与丝绸之路沿线国家开展文化交流合作的重要平台、推动中华文化走出去的重要窗口、丝绸之路经济带建设的重要支撑。经党中央、国务院批准，从2016年起，丝绸之路（敦煌）国际文化博览会将在甘肃省每年举办一次，以敦煌为永久会址，已连续举办四届。

1. 敦煌文博会的价值

国家将敦煌文博会的举办地永久定为敦煌，是国家对敦煌在丝绸之路上的历史地位、"一带一路"建设中的国际战略价值、敦煌文化的独特魅力以及敦煌学这一国际显学价值的全盘考量，更是对丝绸之路经济带黄金段

打造敦煌文博会本身文化高峰价值的权衡。敦煌文博会的价值突出地表现在：

（1）敦煌文博会是国家文化强国战略的重要组成部分，是构建中国文化软实力的重要举措。

挖掘整理甘肃厚重的文化资源，探索传承保护、弘扬发展中华优秀传统文化的新路子，充分发挥甘肃文化建设在经济社会发展、文化强国建设和增强中国文化软实力中的重要作用，实现比历史上大唐盛世更加有魅力显示中国巨大文化成就的"中国文化梦"，这不仅是甘肃文化建设的重要使命，也是甘肃全省高度文化自觉、坚定文化自信、不断文化自强的重要体现。从2002年文化大省建设的提出、2013年华夏文明传承传新区建设的批复建设，到2016敦煌文博会成功举办，都是沿着这一思路和国家战略考虑的结果。敦煌文博会作为经党中央、国务院批准的丝绸之路经济带建设中唯一国家级的文化战略平台，是以"一带一路"文化交流为主题的高端论坛和文化展示平台，也是继华夏文明传承创新区之后国家在甘肃布局的又一个战略性文化建设重大项目，应该是国家对甘肃丝绸之路经济带建设赋予的重大使命，也使甘肃不忘历史使命，主动作为，勇于担当国家战略，贯彻落实"一带一路"倡议的重大举措和实际行动，为建设社会主义文化强国，增强中华文化软实力做出的重要贡献，是甘肃复兴不忘自我、创新不忘本来、发展不忘使命的重要体现，是实现甘肃向西开放、国家文化率先走出去、扩大中华文化影响力、竞争力国家在西部地区实施的"关键一步"，是实现"中国梦"极其重要的战略部署。

（2）敦煌文博会是国家"一带一路"建设打通"五通"中民心相通的基础性工程。

国家"一带一路"建设顺应世界多极化、经济全球化、文化多样化、社会信息化的潮流，彰显人类社会共同理想和美好追求，是国际合作以及全球治理新模式的积极探索。增进沿线各国人民的人文交流与文明互鉴，让各国人民相逢相知、互信互敬，共享和谐、安宁富裕的生活是"一带一路"建设的重大使命和沿线国家、世界的共识。坚持和谐包容，倡导文明宽容，尊重各国发展道路和模式的选择，加强不同文明之间的对话，求同存异、兼容并蓄、和平共处、共生共荣，是"一带一路"建设中文化文明交流互鉴、共享文化文明成果的重要原则。政策沟通、设施联通、贸易畅通、资金融通是"一带一路"建设的重要保障、优先领域、重要内容和重要支撑，而民心相通则是"一带一路"建设的社会根基，和打通世界各国交流交往、相识相亲、共享共建之间的联系桥梁。开展我国与丝绸之路沿线国家之间文化交流交往合作平台，达成各国之间的共识必须通过文化的手段和文化战略。敦煌文博会作为民心相通的基础性工程率先顺应了国家战略需求，在大盛融通的敦煌和敦煌文化中找到了根基，既符合国家利益，又立足甘肃优势，得到了国家各个方面的认同，成为首个推动中华文化走出去的重要窗口、丝绸之路经济带建设的重要支撑，中外文化交流合作的丝路平台、国家平台、国际平台，和为构建人类命运共同体打造的人类命运共识体一个大胆的尝试。

（3）敦煌文博会是讲好中国故事、传播好中国声音、建设中国风格、中国气派、中国话语体系的重要举措。

敦煌文博会在讲好中国故事、传播中国声音和建设中国话语体系中具有突出的优势。从汉唐盛世到元末明初的历史长河中，作为古代丝绸之路黄金通道的河西走廊创造了"使者相望于道，商旅不绝于途"的空前盛况。敦煌这个位于河西走廊西端的绿洲城市更是因中国、印度、希腊、伊斯兰等诸多文化体系在此融汇而被誉为"世界的敦煌，文化的殿堂"。敦煌不仅是中国的，更是世界的。敦煌随着丝绸之路的"凿空"而汇聚灿烂辉煌的四大文明，中外各民族在这里交流交往交融谱写下了华美篇章，敦煌石窟中包罗万象的典籍、精湛一流的艺术，作为国际显学经久不衰的敦煌学，开时代风气的敦煌画派，大盛融通的敦煌哲学，重新汇聚世界文化焦点的现代敦煌，不仅在古代世界特别是丝绸之路交流交往交融史上讲出了中国好故事，传播了中国好声音，也注定在"一带一路"建设新的历史起点上，再次吸引世界目光作为古代丝绸之路上东西方贸易、宗教、文化和知识的交汇处，再次肩负起文明互鉴、文化交流、促进合作的重任，成为今天敦煌文博会讲好中国故事、传播好中国声音、建设中国风格中国气派中国话语体系的重要举措和重大历史使命，也必将成为中国精神、中国形象、中国文化、中国表达的典范。

（4）敦煌文博会是甘肃省国家级文化平台——华夏文明传承创新区建设重要的组成部分，也是甘肃建设文化大省建设中极其重要的一章。

甘肃敦煌文博会是国家着眼甘肃战略地位和文化资源禀赋在"一带一路"沿线树立的第一块国家级文化战略发展平台，是国家文化发展的金字招牌、国家级大平台、"国"字号大品牌、国际化大盛会。敦煌作为华夏文明传承创新区建设中的龙头发挥着示范引领风、向标指挥塔的作用，让敦煌文博会成为推动沿线各国和地区交流合作的一条"文化大动脉"，成为助推沿线各国和地区交流交往交融，打开对外开放新窗口，让"一带一路"沿线省份、城市在丝路文博会实现平台共享、机遇共享、资源共享、信息共享、思路共享，甘肃文化建设看敦煌，敦煌文化建设看敦煌文博会和敦煌国际历史文化旅游名城建设。而"一城一会"更是甘肃文化建设极其重要的华章。

2. 举办丝绸之路（敦煌）国际文博会的重大意义

举办敦煌文博会不仅对敦煌、对河西走廊、对甘肃意义重大，而且对国家来说意义重大。

（1）丝绸之路（敦煌）国际博览会是"一带一路"建设中打通"五通"中民心相通的钥匙，有利于东西方文明交流交往交融、多样共存、互鉴共进、合作共享、重新汇聚世界文明的新焦点。

敦煌文博会以促进文化交流、共谋合作发展为宗旨，是"一带一路"建设中文化建设方面一个最重要的载体和抓手，是丝绸之路经济带上的文化战略平台，是展示丝绸之路精神一个重要窗口，是和平、合作、开放、包容、普惠、平衡、共赢的重要体现。敦煌文博会尊重不同国家、不同民族的文化传统和价值选择，努力超越偏见与误解，消解矛盾与争端，克服冲突与隔阂，在平等相待中交流对话，在开放包容中互学互鉴，在深化互信中共谋发展，不同于西方文化霸权，着眼于人类命运共同体和文化共识体的建构，必将成为丝绸之路沿线不同国家、不同民族的人民之间加强文化交流交往、促进了解、增进友谊、促进经济发展的催化剂和里程碑。

（2）敦煌文博会对于推动丝绸之路文化特别是中华文化的国际传播和交流，建构中国的话语体系，吸收引进丝绸之路沿线各国文化发展中好的模式经验与优秀成果有着十分重要的意义。

文博会不是甘肃的独唱，而是国内丝路沿线省市地区之间的合唱；文博会也不是中国文化的独唱，而是世界丝路沿线国家（地区）文化之间的大合唱。"五色交辉，相得益彰；八音合奏，终和且平"。文博会所展示的社会主义核心价值观、中华优秀传统文化、丝绸之路精神、中华民族多元一体、开放包容、合作共赢、共建共享的精神追求，以和为贵、追求和平和仁爱的价值观，必将再一次凝聚世界的共识，传播出中国故事中国声音的最强音，将中国的价值、中国的观念、中国的理念共享于世界，建构于经济政治实力相匹配的中国话语体系，助推"一带一路"建设，实现"中国梦"。

（3）文博会将有力地推动甘肃省华夏文明创新区的建设、发展和升华。

文博会的举办，将带动华夏文明传承创新区"一带三区十三板块"全面发展，特别是通过吸收借鉴国内外先进文化理念的基础上创新、创意、再提升、再创造，有利于促进丝绸之路文化产业带的大发展大联动和"三头并重，五业并举"，全面提升文化遗产保护传承开发良性发展；建立健全现代公共文化服务体系，以文化人、以文惠民，让人民群众有更多的获得感和幸福感；转型升级传统文化产业，重点促进新兴文化业态发展，规划发展国家战略性数字内容产业，采取差异化优先发展路径，满足个性化的文化需求和大众化的文化享受；健全完善文化体制机制，优化文化遗产保护、文化产业、文化创意、数字内容、虚拟现实（VR）、增强现实（AR）等发展大环境，用创意联通民俗与时尚的桥梁，用大国工匠精神拉近产品与情感的距离，用众创、众包、众扶、众筹促进创意产业的对接融合，进一步促进华夏文明传承创新区主动融入丝绸之路经济带建设当中，成为国家"一带一路"倡议的重要组成部分，有力地增强和发挥华夏文明传承创新区在丝绸之路经济带中的文化意义和精神引领的作用。文博会的举办是华夏文明传承创新区建设中的一项重大成果和有标志性的举措，文博会对推动华夏文明创新区的建设具有重要意义。

3. 敦煌文博会的可持续性思考

正是基于敦煌文博会的价值之高，意义之重大，其可持续发展就显得十分必要而且必须坚定不移地举办下去办好办出国际水平。

（1）不断挖掘整理好甘肃、西北乃至全国丰富多样的文化资源内涵，是敦煌文博会可持续举办前提条件。

甘肃是华夏文明重要的发祥地之一，西北是丝绸之路东段最精华部分和中古时代中国开放的前沿，人文荟萃，文化资源异常丰富多样。中国是世界四大文明中唯一没有中断的文明古国，中华民族创造了灿烂辉煌的中华文明，并且在古代世界很长时间占据世界发展的前沿阵地，对世界文明进程产生了重大影响，为世界文明的发展做出了巨大贡献。今天，"一带一路"倡议的实施、国家向西开放，实现中华民族伟大复兴的"中国梦"，重回世界发展的中心地位，立世界文化之潮头，正如习近平总书记指出的："研究和弘扬敦煌文化，既要深入挖掘敦煌文化和历史遗存蕴含的哲学思想、人文精神、价值理念、道德规范等，更要揭示蕴含其中的中华民族的文化精神、文化胸怀，不断坚定文化自信。要加强对国粹传承和非物质文化遗产保护的支持和扶持，加强对少数民族历史文化的研究，筑牢中华民族共同体意识。"实质上点明了为什么在甘肃省举办丝绸之路（敦煌）国际文化博览会的重要意义。就是要将敦煌文化中体现出的能够融通世界的哲学思想、人文精神、价值理念、道德规范以及体现中华民族文化精神、文化胸怀的文化精髓挖掘展示出来，一方面筑牢中华民族共同意识，一方面铸就中华文化新辉煌，让敦煌文化再次会通世界，通过话语体系的创建形成强大文化推动力、吸引力、影响力和感召力，再次复兴敦煌文化、中华文化的辉煌。同时就必须不断推动优秀传统文化的研究、保护、传承、开发、创新一体化，推动祖业保护、主业弘扬、事业发展、产业助推、副业崛起与经济社会的深度融合发展，不断挖掘整理好甘肃、西北乃至全国丰富多样的文化资源，探索保护传承、弘扬发展中华优秀传统文化的新路子，探索中华文化走出去的新途径，搭建文化建设的新平台，激活发展文化的新动能，创新文化发展新手段新方式，打造中华文化创造性转化和创新性发展的实践范本，敦煌文博会就是这样一个新范式新突破。

（2）强大学术团队与高效组织领导是敦煌文博会可持续举办的重要保障。

国际性的博览会需要国际化的强大的学术团队为其提供国际化的视

野、特色化的服务、专业化的支持、高端化的运营。无论是太湖论坛,还是深圳文博会,一场接一场的闭门会议、圆桌会议、高峰会议、各分论坛、专项论坛,来自世界各国的高级官员,专家学者,服务团队,全球相关领域成就卓越、具有广泛影响力的精英专家顾问团,多元并存,交流碰撞,辐射聚焦,达成共识,为太湖论坛、深圳文博会提供强有力的高端化的国际视野学术支撑,是其一次又一次成功举办的秘诀。高效的组织领导是敦煌文博会可持续举办的组织保证。成立由省市主要领导担任组长、副组长的筹备工作领导小组,成立专门机构负责落实文博会总体规划和重大活动的组织等日常工作,引进国际一流的办会会务专业化的运营服务团队,明确工作责任,细化工作任务分工,持续不断战略目标,建立健全协调协作工作机制,高效顺畅推动工作落实,人性化舒心快乐的服务,体现甘肃风格、中国气派和国际水准的组织领导是文博会持续举办的重要保证和吸引亮点。

(3) 敦煌文博会抓好"五业"是敦煌文博会可持续举办的主导性因素。

抓好"五业"中祖业就是要抓好文化遗产保护,文化遗产保护的技术上走在最前沿,让文物活起来、火起来。主业就是要把社会主义核心价值观贯穿到办会办节的全过程,特别要在核心价值观大众化、具体化、生动化、故事化、甘肃化上下工夫,讲好中国故事、甘肃故事、敦煌故事、民族故事、文化的故事。事业就是要将一节一会的基础建立在完备系统全面立体性的现代公共文化服务上,让服务体现在整体性系统性的服务上,用无微不至、意想不到的服务,使文化产业作为朝阳产业和现代服务业的首位产业成为国民经济中的支柱性产业。文化产业是内容产业,内容为王,创意制胜,因此文化创意产业潜力无穷,经济效应不断放大,其在文化产业发展中扮演了重要的角色和分量,改变着传统文化产业产业结构、运作模式、生产流程、营销方式,对传统文化产业改造提升的效果明显。同时,现代科技迅猛发展，信息技术、网络手段、数字化趋势给中国文化产业带来了革命性变化，以移动多媒体广播电视、网络游戏、数字出版等为代表的新兴文化产业正在蓬勃兴起，数字娱乐消费时代已经来临，文化传播技术和手段日益多样化，文化消费形态逐渐多元化，网络游戏、互动电视、手机电视、IPTV（互联网传输电视）、虚拟现实、增强现实等网络文化产品，更是有着广阔的市场前景，成为提升我国文化产业国际竞争力的发展重点。动漫游戏、广播电视、出版业等与互联网融合、对接，衍生出网络游戏、网络视听、网络出版、网络动漫、网络文学等文化新业态；广电网与移动通信网融合、对接，衍生出手机短信和彩信、手机广播电视、移动多媒体广播电视等文化新业态；数字出版和高端印刷使图书具有了视频、音频等功能，可以按需印刷，形成了新的出版业态，以高新技术为依托、以数字内容为主体、以自主知识产权为核心的新兴文化业态，有效地提升了文化产品的附加值，成为推动文化产业发展的主力军和重要支撑点。敦煌文博会作为以"一带一路"文化交流为主题的国家重点支持的高端论坛和文化展示平台，今后，一定要重视并发挥文化产业、文化创意产业和文化新业态主导性作用，激发其巨大潜能，带动并引领敦煌文博会的发展，这也是敦煌文博会能够可持续举办的关键性主导性的因素。

（4）骨干文化企业、重点文化项目、文化园区集群以及跨区联动是敦煌文博会可持续举办的基础。

文博会的举办需要有大量的文化企业作为市场主体参与其中，重视骨干文化企业顶天立地的示范引领作用发挥和铺天盖地的中小微文化企业孵化培育扶持，做大做强文化企业参与的主体力量。根据文博会的发展需要，不断重点推进文化创意能力强、文化业态创新型的有地方特色、潜力巨大的重点文化项目实施，不断增强文博会后发力量。重视文化园区集群建构，推动文化产业集群化、集约化、规模化发展，形成文化产业比较优势，发挥文化产业的溢出效应，形成跨区联动的机制，以点到线到面，推动文化产业大格局发展，形成文博会举办的大格局。这是国际化文博会发展的一般规律，也是文博会可持续举办的重要基础。

（5）国家大力的支持和不断优化的政策环境是保证敦煌文博会可持续举办的强大动力。

甘肃是一个经济欠发达但文化资源相对富集的省份，无论是甘肃文化大省建设，还是华夏文明传承创新区建设，无论是祖业、主业、事业、产业、副业保护传承、利用开发、发展创新，还是敦煌国际旅游文化名城、敦煌文博会的举办都需要国家从资金、政策、人才、组织等方面给予大力支持，仅靠自然条件严酷、生态环境脆弱、小康社会建设任务重的甘肃自力更生、艰苦奋斗是难以实现的，必须由国家出台特殊性的差异化的个性定制版的政策，在政策、税收、财政、人才引进等方面给予倾斜，加大国家转移支付的力度。特别是将人类的敦煌文化的殿堂打造成为国家"一带一路"建设和向西开放的名片，增强国家文化软实力，建设文化强国，文化先行，国家的大力支持是甘肃文化建设的重要保证，更是保证敦煌文博会持续举办的强大动力。

（6）华夏文明传承创新区建设是敦煌文博会可持续举办的重要平台。

敦煌文博会是国家第一个文化战略建设平台华夏文明传承创新区建设的重要组成部分，华夏文明传承创新区建设区战略布局上的"一带三区十三板块"战略，内容上的三头并重、五业并举，组织上的顶层设计全省动员和战略上的整体推进，通过文化优先发展区域发展策略、文化体制改革、文化遗产保护开发，现代公共文化服务体系建设，文化产业转型升级，以创新文化精品，重塑文化形象等方面推进，经过几年来的发展，极大地激活了文化基因，解放和发展了文化生产力，文化发展成果惠及广大人民群众。华夏文明传承创新区建设是探索经济欠发达但文化相对富集的地区通过优先发展文化在经济发展洼地但文化优势突出的文化高地发展经济的新路子。实践证明，这条路是对的。敦煌文博会正是在这样的平台上获得了批准并得以成功举办，华夏文明传承创新区建设是敦煌文博会可持续举办的国家级战略平台。

（7）文化发展的新理念、新创意、新战略是敦煌文博会可持续举办新动力。

文化是一个国家和民族的血脉和灵魂，是人民的精神家园。文化软实力是一个国家综合国力的重要衡量指标。随着文化发展的新理念、新创意、新战略不断涌现，不仅极大地促进了文化事业、文化产业发展，而且催生了大量的文化新业态，给文化发展带来了新的机遇。"互联网+""文化+""广电+"，文化与旅游、金融、科技、体育、制造、中医药养生保健、服务、创意设计等深度融合，大文化、全域旅游、智慧旅游、大景区建设、智慧城市、电商平台、微商、跨区联动整体发展、文化创意、文化集市、数字内容、VR、AR等新的模式新的手段新的理念都极大地改变文化发展的格局，成为敦煌文博会理念创新、手段方式创新、平台创新的重要动力，通过互联网打造遍及全球影响世界的永不落幕的国际文化博览会、旅游博览会、智慧博览会，为敦煌文博会可持续举办注入了新动能持久动能。

（8）要坚持前沿、高端、专业、特色的办会原则是敦煌文博会可持续举办必须坚持的原则。

"前沿"就是要体现最新、最尖端、最需要的成果展示交流与合作，要将互联网、物联网、大数据、云计算、量子科技、人工智能、声光电等高精尖的成果引入到办会之中，让敦煌有一个线上的敦煌，也有一线上的敦煌；有一个迷幻未来的敦煌，也有一个自然引人入胜的敦煌。高端应该体现办会的国际化、中国特色、甘肃风格设计，体现世界需要、"一带一路"需要、国家需要、甘肃需要的方向。把为国家服务放在首位，把打通民心上的"一带一路"与构建人类命运共同体作为目标,用中国特色的国际话语体系向国际上各国讲好《敦煌宣言》、讲好故事,传播好时代之声。专业就是必须要专业化的人办专业的事,不是专业的人也要变得专业,要有专业化水平和质量,专业化标准化的一流服务。特色就是必须找到我们与世界相通、世界人民需要、中国人民喜欢、甘肃人民热爱,既包含世界的因素、中国的元素,也体现甘肃风格的独特但又相通的哲学思想、文化精神、文化胸怀、人文精神的内容,展示交流。

(9) 加快文化"走出去"的步伐是敦煌文博会可持续举办强有力的文化支撑。

古代丝绸之路从一开始就不只是一条贸易之路,它同时还是一条文化传播交流之路,中华文化"走出去"的第一次高潮就是随着丝绸之路的"凿空"而出现的。千百年来,这种文化传播交流随着贸易往来的开展而发生,反过来又助推了贸易往来的不断扩大和深入,同时,更为中国文化乃至人类文化宝库增添了无数奇美瑰丽的珍宝。甘肃既是古代丝绸之路的咽喉要道,又是今天丝绸之路经济带的黄金区段。不仅在经济合作发展与文化传播交流上有着悠久的传统及丰富的历史经验,而且在丝绸之路经济带建设中承担着构建开放包容的体系、搭建经济发展的战略平台、加快文化"走出去"的步伐等国家使命。敦煌文博会是目前内容体系完备、运转机制流畅、影响力知名度较高、沿线国家普遍认可且广泛参与、对"一带一路"倡议支撑效果明显,对地区经济文化发展带动作用较强,具有国际化、高端化、特色化、专业化的复合性博览会。既有利于丝绸之路经济带建设,构建国际文化交流和对话的战略平台,也有利于甘肃总结自身历史,广泛吸纳先进经验,在新的历史条件下,使中华优秀传统文化多样化、多形态、多渠道、多层次走向世界,广泛参与世界文明对话,面向丝路沿线国家和地区,搭建起交流与合作的桥梁,开通了连接世界的"文化高铁",营造民心相通的文化氛围,拓展合作空间、深化合作层次,放大互惠互利、共同发展的综合效益,为"一带一路"建设打下深厚的人文基础,发挥文化对于经济发展、合作共赢的支撑与延展作用。

参考文献

[1] 习近平. 习近平谈"一带一路". 北京：中央文献出版社，2018.12.

[2] 习近平. 习近平谈"一带一路". 北京：外文出版社，2019.4.

[2] 刘光华主编. 西北通史（5卷本）. 兰州：兰州大学出版社，2004.12.

[3] 刘光华主编. 甘肃通史（8卷本）. 兰州：甘肃人民出版社，2008.12.

[4] 高荣主编. 河西通史. 天津：天津古籍出版社，2011.12.

[5] 孙占鳌主编. 酒泉通史（全5册）. 兰州：甘肃文化出版社，2011.11.

[6] 武威通志编委会编纂. 武威通志（全10册）. 兰州：甘肃人民出版社，2007.7.

[7] 敦煌地方志编纂委员会. 敦煌市志（全3册）. 北京：中华书局，

2016.8.

[8] 敦煌市地方志编纂委员会编.敦煌市志.北京：中华书局，2016.7.

[9] 甘肃省张掖市志编修委员会编纂.张掖市志.兰州：甘肃人民出版社，1995.11.

[10]（英）彼得·弗兰科潘著；邵旭东、孙芳译.丝绸之路一部全新的世界丝绸之路.杭州：浙江大学出版社，2016.9.

[11]（英）吴芳思.丝绸之路2000年.上海：上海辞书出版社，2016.1.

[12]（法）布尔努瓦著，耿昇译.丝绸之路.北京：中国藏学出版社，2016.5.

[13]（法）布尔努娃.丝绸之路：神祇、军士与商贾.昆明：云南人民出版社，2015.5.

[14]（法）阿里·玛扎海里著，耿昇译.丝绸之路中国－波斯文化交流史.北京：中国藏学出版社，2013.11.

[15]（美）芮乐伟·韩森.丝绸之路新史.北京：北京联合出版公司，2015.9.

[16]（美）比尔·波特，马宏伟、吕长清译.丝绸之路.成都：四川文艺出版社，2018.6.

[17]（美）米华健.丝绸之路.北京：译林出版社，2017.4.

[18]（日）大村一朗.丝绸之路重新开始的旅程.北京：北京联合出版有限责任公司，2016.11.

[19]（日）松田寿男.丝绸之路纪行.开封：河南大学出版社，2018.1.

[20]（日）长泽和俊著，钟美珠译.丝绸之路史研究.天津：天津古籍出版社出版，1990.6.

[21]（日）醍醐钦治著，曲凯、何培忠译.丝绸之路：我所走过的丝绸之路.社会科学文献出版社，1997.8.

[22]杨建新，卢苇编著.丝绸之路.兰州：甘肃人民出版社，1981.1.

[23]刘迎胜.丝绸之路.南京：江苏人民出版社，2014.9.

[24]郑彭年.丝绸之路全史.天津：天津人民出版社，2016.7.

[25]丝路古韵编委会编.丝路古韵：延绵千年的丝路荣光.成都：电子科技大学出版社，2018.6.

[26]安顿.丝绸之路之从西安到撒马尔罕.北京：五洲传播出版社，2017.4.

[27]李伟.穿越丝路.北京：中信出版集团，2017.1.

[28]中国公路交通史编审委员会.中国丝绸之路交通史.人民交通出版社，2001.1.

[29]沈福伟.中西文化交流史.上海：上海人民出版社，2017.11.

[30]何芳川、万明.古代中西文化交流史话.北京：中国国际广播出版社，2010.8.

[31]李云泉.中西文化关系史.济南：泰山出版社，1997.8.

[32]林梅村.丝绸之路散记.北京：人民美术出版社，2003.3.

[33]林梅村.古道西风：考古新发现所见中西文化交流.北京：三联书店，2000.3.

[34]雍际春.丝绸之路历史沿革.西安：三秦出版社，2015.12.

[35]李永平.丝绸之路与文明交往.西安：陕西师范大学出版社，2017.7.

[36]邹贺.丝绸之路行商记.西安：西安电子科技大学出版社，2016.12.

[37]方明.印象中国文明的印迹丝绸之路.合肥：黄山书社，

2015.11.

[38] 首届丝绸之路（敦煌）国际文化博览会论文集编委会编. 首届丝绸之路敦煌国际文化博览会论文集. 兰州：甘肃人民出版社，2017.2.

[39]（瑞典）斯文·赫定，江红、李佩娟译. 丝绸之路. 乌鲁木齐：新疆人民出版社，1996.7.

[40]（英）奥雷尔·斯坦因著，巫新华、秦立彦、龚国强、艾力江译. 亚洲腹地考古图记. 广西师范大学出版社，2004.1.

[41]（英）奥里尔·斯坦因著，巫新华、伏霄汉译. 斯坦因中国探险手记. 沈阳：春风文艺出版社，2004.6.

[42]（法）伯希和著，耿昇译. 伯希和西域探险记. 昆明：云南人民出版社，2001.10.

[43]（日）橘瑞超著，柳洪亮译. 中亚探险. 乌鲁木齐：新疆人民出版社，1994.2.

[44]（汉）司马迁. 史记. 北京：中华书局，1963.2.

[45]（汉）班固. 汉书. 北京：中华书局，1964.11.

[46]（南朝宋）范晔. 后汉书. 北京：中华书局，1973.8.

[47]（晋）陈寿. 三国志. 北京：中华书局，1965.10.

[48]（唐）房玄龄. 晋书. 北京：中华书局，1974.10.

[49]（后晋）刘昫. 旧唐书. 北京：中华书局，1975.5.

[50]（宋）欧阳修、宋祁. 新唐书. 北京：中华书局，1975.2.

[51] 黄文弼编. 西北史地论丛. 上海：上海人民出版社，1981.5.

[52] 霍想有主编. 伏羲文化. 北京：中国社会出版社，1994.5.

[53] 王天海译注. 穆天子传全译. 贵阳：贵州人民出版社，1997.8.

[54] 余耀华. 大汉使臣张骞. 北京：中国书籍出版社，2017.9.

[55] 姚家余主编. 中华政治家百杰传. 延吉：延边大学出版社，2006.3.

[56] 尚永琪. 鸠摩罗什. 西安：陕西师范大学出版社，2017.1.

[57] 王玉喜. 佛国记——法显大师西游记. 太原：北岳文艺出版社，2008.10.

[58]（美）斯蒂福夫著，刘桂珍译. 马可·波罗与中世纪的探险家. 北京：世界知识出版社，1998.1.

[59]（意）马可·波罗口述,（意）谦诺笔录，余前帆译注. 马可·波罗游记（中英对照）. 北京：中国书籍出版社，2009.1.

[60] 刘卫东，田锦尘，欧晓理著. "一带一路"倡议研究. 北京：商务印书馆，2017.1.

[61] 肖振生主编. 数说"一带一路". 北京：商务印书馆，2016.1.

[62] 赵磊. "一带一路"年度报告智慧对接2018. 北京：商务印书馆，2018.2.

[63] 王志民. "一带一路"的地缘背景与总体思路. 北京：北京出版社，2018.10.

[64] 本书编写组. "一带一路"简明知识读本修订版. 北京：新华出版社，2017.4.

[65] 王义桅. 世界是通的："一带一路"的逻辑. 北京：五洲传播出版社，2017.4.

[66] 张哲人、李大伟. 推进"一带一路"建设的策略研究. 天津：南开大学出版社，2017.12.

[67] 秦玉才，周谷平，罗卫东主编. "一带一路"读本. 杭州：浙江大学出版社，2015.9.

[68] 秦玉才，周谷平，罗卫东主编. "一带一路"一百问. 杭州：浙江大学出版社，2015.9.

[69] 连辑、范鹏、段建玲. "一带一路"倡议导读1. 兰州：甘肃文

化出版社,2015.10.

[70] 王兰平、奉继华.探险与盗宝:丝绸之路上的外国探险家.北京:民族出版社,2004.5.

后 记

　　这本书是我最喜欢、最愿意写的一本书，因为写这样一本书是我多年的夙愿。我对丝绸之路的关注至少也有二十年的时间，始于我对西域史的学习。二十年来，丝绸之路似乎有很强的魔力一直吸引着我，算是我的一个牵绊。虽然一直关注，但始终未能形成一个系统的认识，直到接受撰写《"一带一路"倡议导读（一）》的时候才意识到，要搞清楚"一带一路"必须回到"一带一路"的昨天，那就是要首先弄清楚古代丝绸之路。于是，从那时开始我便想对丝绸之路形成一个自己的整体认识体系，经过努力终于粗线条地完成了这一认识。直到再次接受《丝路甘肃——丝绸之路上的黄金通道》写作任务的时候，却遭受空前的压力。之所以有压力，就是经常说我们甘肃是古代丝绸之路的孔道、是丝绸之路东段最精彩的部分、是通往世界的枢纽要道，但等细细爬梳史料之后才发现要证实这一观点难度不是一般的大，史料分散，整理之难度真的不小。突然之间发现自己在面对"丝路甘肃"时竟成了"熟悉的陌生人"，与要形成整体的、系统化的认识还有一定距离，因此写作起来并不是一帆风顺，总是写写停停。今日虽然完成，但离我所要的理想效果还有距离，只能将其定义到普及知识、传播正能量的级别，尽我所能，以飨读者。

由于本人写作水平有限，难免疏漏、错讹，敬请批评指正！

王旺祥
2020 年 5 月 4 日于兰州寓所